DRUIDEN

Alexander Lüdeke

DRUIDEN

Von den magischen Kräften der Kelten

tosa

Bildnachweis:
S. 10: Charles Knight, Old England: A Pictorial Museum (1845); S. 17: Fotolia; S. 20: Public Domain, S. 19: Stadt- und Kreisarchäologie Osnabrück, Schnippenburg; S. 25: Stadt- und Kreisarchäologie Osnabrück, Schnippenburg; S. 26: Charles Knight, Old England: A Pictorial Museum (1845); S. 34: Fotolia; S. 37: Charles Knight, Old England: A Pictorial Museum (1845), S. 52: Fotolia, S. 56: Fotolia, S. 60/61: Fotolia; S. 63: Charles Knight, Old England: A Pictorial Museum (1845); S. 66: Fotolia; S. 70: Keltenmuseum Manching; S. 72: Peter Northover; S. 73: Stadt- und Kreisarchäologie Osnabrück, Schnippenburg; S. 80: Public Domain; S. 97: Württembergisches Landesmuseum Stuttgart; Public Domain; S. 106/107: Fotolia, S. 113 Public Domain, Fotograf: Christoph Bubel; S. 115: Charles Knight, Old England: A Pictorial Museum (1845); S. 120: Charles Knight, Old England: A Pictorial Museum (1845); Symbol auf S. 3 und Seitenzahlen: Miniaturisierter Steinkreis; Coverfoto: Corbis
Alle anderen Bilder von Shutterstock, Inc.

im Verlag Carl Ueberreuter Ges.m.b.H.,1090 Wien, Alser Straße 24
Text: Alexander Lüdeke, Dortmund
Gesamtproduktion: akapit Verlagsservice, Berlin – Saarbrücken
Covergestaltung: Studio Höpfner-Thoma GraphicDesign, Gräfelfing
Coverbild: Corbis
Druck: Tlačiarne BB s.r.o., Slovakia

www.tosa-verlag.com

EINLEITUNG

Hört man das Wort Druide, denkt man unweigerlich sofort an Miraculix aus Asterix und Obelix der französischen Zeichner bzw. Texter Goscinny und Uderzo. Für beinahe jeden ist diese pfiffige Gestalt mit dem wallenden weißen Bart und der langen weißen Robe ein Begriff. Die Hauptbeschäftigung des Dorfdruiden ist bekanntlich die Zubereitung des „Zaubertrankes", der die Gallier um Asterix unbesiegbar macht. Zu dessen Herstellung schneidet er Misteln mit einer goldenen Sichel, tritt aber bisweilen auch als Heiler auf oder reist zum Treffen der Druiden in den Karnutenwald. Abgesehen vom natürlich frei erfundenen Zaubertrank beziehen sich Uderzo und Goscinny in ihrem Bild eines gallischen (und damit keltischen) Druiden aber durchaus – und wie fast immer in ihren Werken – auf historisch überlieferte Fakten.

Eine weitere bekannte literarische bzw. sagenhafte Gestalt, die häufig im Zusammenhang mit Druiden genannt wird, ist Merlin, der Zauberer aus der Sage um König Artus und die Ritter der Tafelrunde, welche in der Völkerwanderungszeit angesiedelt ist. Wenn auch Miraculix und Merlin nur fiktionale Charaktere sind, haben sie doch beide ihren Ursprung in einer durchaus realen, historisch verbürgten Gruppe von Personen: den keltischen Druiden.

Die Druiden stellten zunächst einmal die keltische Priesterschaft, doch waren ihre Aufgaben weit umfassender. Druiden waren nicht allein Mittler zwischen den Sterblichen und den Göttern. Sie waren mehr als Brückenbauer in die Welt des Übernatürlichen und des Jenseitigen. Die Druiden bildeten sozusagen die intellektuelle Schicht des keltischen Gesellschaftssystems. Meist stammten sie wohl aus vornehmen keltischen Familien und genossen ein sehr hohes Ansehen.

Neben ihren priesterlichen Funktionen erfüllten sie auch weltliche Pflichten. Ihnen oblag die Rolle des Lehrers, Mediziners, Naturforschers und Richters. Druiden beobachteten den Lauf der Gestirne und waren sowohl Astronomen als auch Astrologen in einer Person. Sie hüteten und gaben die mündliche Überlieferung weiter, sie berieten und beeinflussten Könige, ja mitunter sollen sie diese sogar regelrecht beherrscht haben.

Doch gab es auch eine dunkle, grausame Seite der Druiden. Denn im Rahmen ihrer priesterlichen, religiösen Aufgaben oblag es ihnen, den Göttern Opfer darzubringen. Nicht selten waren diese Opfer nicht nur Tiere, sondern auch Menschen.

Nach wie vor stellen die keltischen Druiden und ihre Welt auch für Historiker ein nicht vollständig gelöstes Rätsel dar, denn die gesamte keltische Kultur – und dies gilt besonders für die Druiden – hat praktisch keine eigenen schriftlichen Zeugnisse hinterlassen. Die Geschichtswissenschaft ist deshalb auf archäologische Funde sowie auf Berichte aus zweiter Hand angewiesen. Unser Wissen über die Druiden stammt zu großen Teilen aus antiken Quellen, insbesondere aus den Texten Gaius Julius Caesars und Plinius des Jüngeren. Weitere Quellen stellen mittelalterliche Schriften aus der Feder englischer und irischer Geistlicher sowie volkstümliche Sagen und Legenden, wiederum vor allem von den Britischen Inseln, dar.

An der Objektivität und Authentizität dieser schriftlichen Quellen darf also berechtigterweise gezweifelt werden, denn stets berichteten Außenstehende. Zudem verfolgten die Autoren wohl nicht selten eine Absicht, die man heute als Propaganda bezeichnen würde, denn sowohl die römischen als auch die christlichen Chronisten schrieben aus der Sicht der Sieger über eine unterlegene Kultur. Es ist also nicht von der Hand zu weisen, dass so manche schriftliche Quelle ursprünglich mit der Absicht verfasst wurde, den Autor über die Kelten und Druiden zu erheben, die Niederlage und den Untergang der fremden Kultur zu rechtfertigen oder die eigene Stärke zu betonen.

Vieles, das den Bereich Kelten und Druiden angeht, liegt also nach wie vor im Dunkeln, ist offen für Interpretationen, Spekulationen und mitunter auch für Scharlatanerie. Man munkelt von geheimem Wissen und längst vergessenen Erkenntnissen, welche die Druiden besessen haben sollen, selbst von übernatürlichen Fähigkeiten ist die Rede. Mancher rückt die Druiden in die Nähe von Magie und Zauberformeln und sieht in ihnen Gestalten, die einem Fantasy-Roman entsprungen sein könnten. Legenden vermischen sich mit wissenschaftlich gesicherten Erkenntnissen, Mythen mit harten Fakten. Sicher ist es auch dieses Rätselhafte, das heute noch immer die Faszination dieses Themas ausmacht. Doch was ist real, was bloße Spekulation? Wo liegen die Grenzen zwischen Realität und Fiktion? Wer waren sie also, diese geheimnisvollen Druiden?

Ein Trilith in Stonehenge: Zwei Tragsteine und ein Deckstein bilden ein eigenständiges Bauwerk im wohl berühmtesten Steinkreis der Welt.

Um diese Frage zu beantworten, ist es zunächst notwendig, sich einmal näher mit den Kelten selbst zu beschäftigen. Wie, wann und wo lebte dieses Volk? Wie sah die keltische Religion aus? Warum wissen wir so wenig über dieses Volk?

Sodann wird sich vorliegendes Buch den Druiden selbst annehmen. Wer waren diese mysteriösen Gestalten? Was machte einen Kelten zum Druiden? Was genau taten diese? Welche Rolle spielten Druiden im Leben der Kelten? Gab es auch weibliche Druiden? Zahllose steinerne Monumente, von einfachen Menhiren über Steinkreise bis hin zu gewaltigen Anlagen wie Stonehenge, sind noch heute in großen Teilen Westeuropas zu finden. Oft werden sie mit den Kelten, ihrer Religion und den Druiden in Verbindung gebracht. Woher stammen diese Bauwerke? Wer hat sie errichtet? Wann? Wozu? Und das oftmals größte aller Mysterien: wie?

Wenn auch die Druiden einer längst vergangenen Zeit angehören zu scheinen, gibt es auch heute wieder Menschen, die sich auf sie berufen und das Erbe der Druiden antreten möchten. Wer sind diese Gruppen, und wie sieht ihre Gedankenwelt aus?

Nicht vergessen werden sollen dabei auch die zahlreichen Legenden und Sagen, in denen Druiden auftauchen. Denn wer weiß, vielleicht steckt ja doch ein Körnchen Wahrheit darin?

Oben: Ein heiliger Hain, in dem die Druiden religiöse Zeremonien abhielten. (Charles Knight, Old England: A Pictorial Museum)
Rechts: Glastonbury Tor in Somerset, England. Stand hier einst ein Steinkreis der Druiden?

DIE KELTEN

Die Druiden waren Teil der Kelten und ihrer Kultur. Werfen wir daher zunächst einen genaueren Blick auf dieses große Volk, das die Geschicke weiter Teile Europas für mindestens 500 Jahre entscheidend prägte. Von allen Völkern, die in der Antike nördlich der Alpen lebten, waren die Kelten das erste namentlich bekannte. Und dennoch: Die Kultur der Kelten gehört noch immer zu den großen Rätseln der Geschichte. Vieles, das diese frühen Europäer betrifft, bleibt geheimnisvoll, denn unser Wissen über die Welt der Kelten ist unvollständig und bruchstückhaft. Unsere Kenntnisse beruhen auf drei Arten von Quellen, die allesamt mit Vorsicht betrachtet werden müssen, da sie oft unvollständig, mitunter mehrdeutig oder einseitig sind: die antiken Autoren, schriftliche Zeugnisse des (vor allem frühen) Mittelalters sowie die Archäologie. Die Kelten selbst entwickelten niemals ein wirklich eigenes Alphabet, sondern bedienten sich nur hin und wieder der griechischen Schrift. Schriftliche Quellen aus keltischer Hand sind deshalb bis auf sehr wenige Ausnahmen nicht vorhanden.

Quellenlage

Die allerfrühesten schriftlichen Zeugnisse über die Existenz der Kelten erhalten wir erst ab dem 5. Jahrhundert v. Chr. durch griechische Autoren. So bezeichnete Hekataios von Milet das Hinterland der griechischen Kolonie Massilia (Marseille) als ***Keltike*** (keltisches Land). Herodot, der „Vater der Geschichtsschreibung“, berichtete um 450 v. Chr., dass der Fluss ***Istros*** (Donau) im Gebiet der ***Keltoi*** entspringe. Dabei geht der eigentliche Begriff ***Keltoi*** wohl auf eine Eigenbezeichnung der Kelten zurück und bedeutete so viel wie „die Tapferen, die Edlen“. Auch der griechische Historiker Polybios erwähnt in seinem um 150 v. Chr. verfassten Geschichtswerk ausführlich die Kelten. Um 90 v. Chr. bereiste Poseidonios das Gebiet des heutigen Frankreichs und Spaniens. Seine auf dieser Reise beruhende „Völkerkunde“ ist jedoch unglücklicherweise nur noch in Zitaten bei anderen antiken Autoren vorhanden. Strabon (63 v. Chr. bis 23 n. Chr.) berichtete in seiner „Geographie“ ebenfalls über die ***Keltai***.

Neben antiken Quellen in griechischer Sprache liegen natürlich auch Werke in Latein vor. Die lateinischen Autoren überragt Gaius Julius Caesar, dessen siebenbändiges Werk „De bello Gallico“ ausführlich über die Kelten im Gebiet des heutigen Frankreichs, von ihm ***Galli*** bzw. ***Gallia*** genannt, berichtet. Generationen von Lateinschülern ist der erste Satz aus Caesars Werk vertraut: ***Gallia est omnis divisa in partes tres, quarum unam incolunt Belgae, aliam Aquitani, tertiam qui ipsorum lingua Celtae, nostra Galli appellantur*** (Ganz Gallien besteht aus drei Teilen, den einen davon bewohnen die Belger, den zweiten die Aquitanier, den dritten der Volksstamm, welcher sich in der eigenen Sprache Kelten nennt, in unserer Sprache aber Gallier heißt).

Wenn auch andere lateinische Autoren, z. B. Livius, Tacitus, Plinius der Ältere, Pompeius Trogus, Ammianus Marcellinus und andere, in ihren Werken die ***Celtae*** erwähnen, bleiben deren Informationen bruchstückhaft und stammen oft aus zweiter oder dritter Hand.

Caesar, der Gallien in der Zeit von 58–50 v. Chr. als Prokonsul eroberte und dabei sowohl das Land als auch die Einwohner intensiv kenngelernt haben dürfte, ist damit als Informationsquelle unverzichtbar. Caesar berichtet ausführlich und oft wohl auch recht verlässlich über die Kelten. So unterschied er als Erster überhaupt zwischen Kelten und Germanen. Zuvor waren alle Bewohner West-, Mittel- und Nordeuropas aus griechisch-römischer Sicht pauschal als Kelten bezeichnet worden. Dennoch sollte man nicht vergessen, dass Caesar aus der Sicht eines Siegers schrieb, der die Kelten zudem als Barbaren betrachtete, denen er sich weit überlegen wähnte. Nicht zuletzt ist Caesars „De bello Gallico“ wohl auch von starken Eigeninteressen geprägt und diente der Rechtfertigung seiner Taten, denn der Krieg in Gallien war in der Heimat nicht sonderlich populär. Ein Vergleich zur Kriegsberichterstattung moderner Art dürfte nicht ganz von der Hand zu weisen sein. Dies alles gilt es zu bedenken, wenn man die sieben Bücher als Quelle nutzt.

Ungleich weniger problematisch, wenn auch nicht immer eindeutig präsentieren sich dagegen die Ergebnisse der archäologischen Forschung. Der Archäologe schöpft sein Wissen im Gegensatz zum Historiker nicht aus schriftlichen Quellen, sondern aus Bodenfunden von Alltags-, Kunst- und Schmuckgegenständen, z. B. aus Gräbern. Allerdings lassen sich archäologisch nicht für das gesamte Ausbreitungsgebiet keltischer Stämme und Sprachen, wie sie uns die antiken griechischen und lateinischen Autoren überliefern, auch entsprechende Funde nachweisen. Denn auch wenn sich die Archäologie modernster naturwissenschaftlicher Methoden bedient und damit Erstaunliches leistet, bleibt doch immer nur ein Bruchteil dessen, was eine Kultur ausmacht, über die Jahrhunderte erhalten. Vieles geht verloren, und so manches harrt sicher noch der Entdeckung. Damit bleibt auch der Archäologie nur, sich mit kleinen Ausschnitten dessen zu beschäftigen, was einst war.

Eine weitere Quelle unseres Wissens über die Kelten sind frühmittelalterliche bzw. mittelalterliche Texte aus dem Westen und Norden der Britischen Inseln sowie aus Irland, häufig Legenden oder Sagen. Naturgemäß besitzen diese Arten von Quellen nur eine beschränkte wissenschaftliche Aussagekraft. Auch in den Lebensbeschreibungen einiger früher Christen, z. B. der heiligen Brigids und Patricks, angesiedelt in der Übergangszeit zwischen Heidentum und dem neuen christlichen Glauben, finden sich Stellen über die alte keltische Kultur sowie insbesondere immer wieder über die Druiden, meist als Gegenspieler und Vertreter der alten Ordnung. Wie wir sehen, bleibt viel Raum für die Interpretation der vorhandenen schriftlichen und archäologischen Quellen. Spekulationen und Legendbildung sind Tür und Tor geöffnet.

Der Ursprung der Kelten

Wir können heute nicht mehr mit Sicherheit sagen, wo der Ursprung der Kelten lag oder woher sie kamen. Für die Wissenschaft sind die Kelten buchstäblich ein Volk, das aus dem Nichts auftauchte. Man mutmaßt jedoch, dass sich die keltische Sprache und Kultur aus den in Mitteleuropa bereits ansässigen Stämmen des späten Neolithikums und der Bronzezeit entwickelten.

Bereits vor 4000 v. Chr. lebten die Menschen in weiten Teilen Mittel- und Nordeuropas sowie Großbritanniens bereits in Gemeinwesen, die Ackerbau und Viehzucht betrieben. Rund 2.000 Jahre später waren die Techniken der Bronze- und Metallverarbeitung mit einiger Verzögerung auch im heutigen Europa angelangt. Am Ende der Bronzezeit, um 1300 v. Chr., entwickelte sich in den Teilen Europas, die später das Kernland der Kelten darstellen sollten, die so genannte Urnenfelderkultur. Diese verdankt ihren Namen dem Brauch, dass die Asche Verstorbener in Keramikurnen auf Grabfeldern beigesetzt wurde. Als geschickte Handwerker schufen die Vertreter der Urnenfelderkultur eine Vielzahl bronzener Erzeugnisse, von landwirtschaftlichen Geräten und Werkzeugen bis hin zu kunstvollen Schmuckstücken und Waffen, die archäologisch überliefert sind.

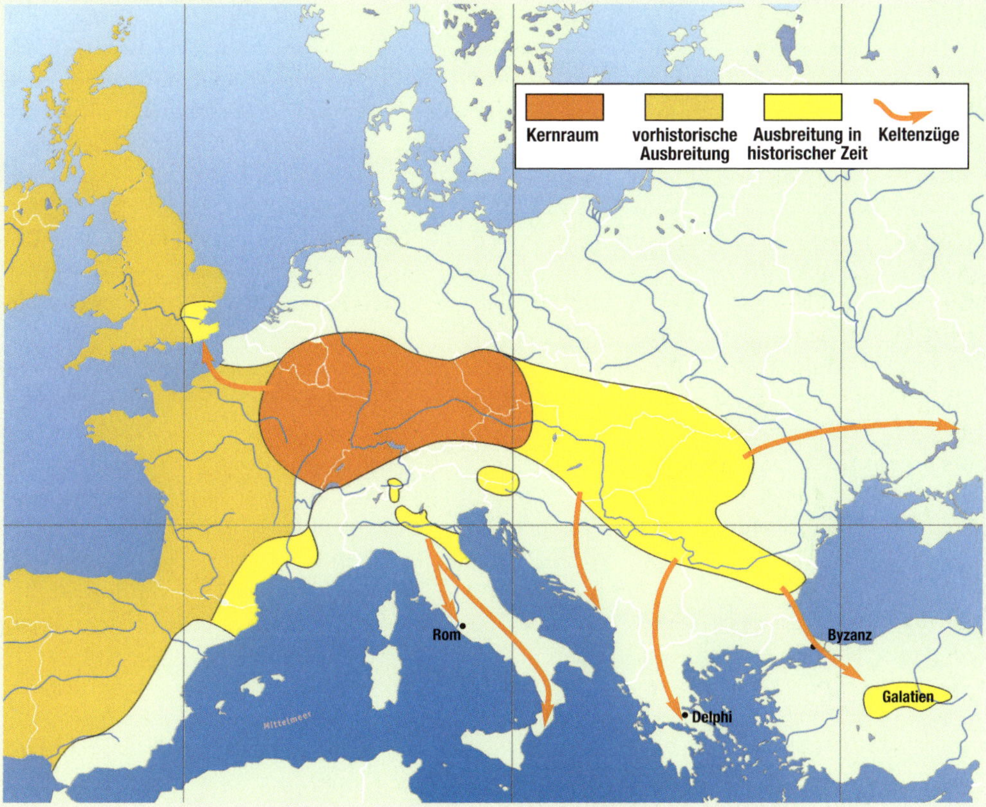

Die Verbreitung der wichtigsten kelitschen Kulturen in Europa.

Ob die Menschen der Bronzezeit bereits als Kelten bezeichnet werden können, ist wissenschaftlich umstritten. Mitunter bezeichnet man die Kulturen jener Zeit als „prokeltisch".

Die Hallstattkultur

Wissenschaftlich gesichert spricht man von Kelten oder einer keltischen Kultur erst in der Eisenzeit. Die Archäologie betrachtet die Hallstattkultur als erste Form einer keltischen Gesellschaft (Hallstatt nach einem ausgedehnten Gräberfeld oberhalb des Ortes Hallstatt im Salzkammergut im heutigen Österreich). Diese Kultur hatte sich seit etwa 800 bis 750 v. Chr. im keltischen Kernland – einem Gebiet, das sich zwischen Ostfrankreich und der Schweiz bis nach Süddeutschland und Österreich erstreckte – aus den dortigen bronzezeitlichen Kulturen entwickelt, wobei teilweise auch Kontakte zu den südeuropäischen Kulturen der Antike nachgewiesen wurden. Die Hallstattkultur ist bekannt für ihre reich ausgestatteten Fürstengräber in Süddeutschland und Ostfrankreich (wie in Hochdorf an der Enz und Vix). Hallstatt-typische Funde, z. B. ausgezeichnete Metallarbeiten, lassen sich in zahlreichen Gegenden Kontinentaleuropas, vereinzelt sogar im Süden der Britischen Inseln, nachweisen.

Gleichzeitig entfaltete sich ein eigenständiger, typischer Kunststil, der durch einfache, aber ausdrucksstarke geometrische Muster gekennzeichnet war. Aus Gräbern sind uns kunstvoll gearbeitete, wertvolle Objekte und importierte Luxusgüter erhalten, die nicht nur auf einen Jenseitsglauben hinweisen, sondern auch auf die Herausbildung einer Klassengesellschaft, da sich nur die Reichen derart üppige Grabbeigaben leisten konnten. Neben der Metallverarbeitung waren Bergbau, Handel und Landwirtschaft die Säulen des Wohlstands der Kelten. Eine Oberschicht von Kriegsherren, die oftmals von befestigten Höhensiedlungen aus das Land überblickten, beherrschte die Handelswege, auf denen im Tausch gegen Salz und Eisen Waren aus Griechenland, Etrurien und Nordeuropa in das Gebiet der Kelten gelangten.

Der keltische Kunststil war durch einfache, aber ausdrucksstarke Muster gekennzeichnet.

Die La-Téne-Kultur

Der Hallstattkultur folgte die La-Tène-Kultur, deren Kunststile durch mediterrane Vorbilder geprägt waren. La Tène bezieht sich auf einen Fundort in der Nähe des Neuenburgersees in der Westschweiz, wo Mitte des 19. Jahrhunderts reichhaltige Funde gemacht wurden. Die kühnen, schwungvollen, komplizierten Muster des La-Tène-Stils zierten Waffen, Kult und Schmuck und setzten sich schnell im gesamten keltischen Siedlungsraum durch. Die La-Tène-Phase begann um 500 v. Chr. und dauerte bis zur Besetzung der keltischen Gebiete durch Rom in den Jahrzehnten vor und nach Christus. Diese Periode gilt allgemein als Höhepunkt der keltischen Kultur und ist Gegenstand aller folgenden Beschreibungen.

Die frühe La-Tène-Phase ist durch eine rasche Expansion des Keltentums aus dem Voralpenraum in alle Himmelsrichtungen geprägt. Das Verbreitungsgebiet der Kelten, ihrer Sprache und Kultur reichte schließlich von Spanien bis in die Türkei, von den Britischen Inseln bis nach Oberitalien. Rund 500 Jahre lang beherrschte dieses Volk die Geschicke West- und Mitteleuropas. Die Keltisierung derart großer Gebiete erfolgte wohl auf zweierlei Weise: durch tatsächliche Wanderungsbewegungen der Stämme sowie durch die Ausbreitung der keltischen Kultur und Sprache. Sie führte jedoch keineswegs zu einer politischen Einheit. Zahlreiche unabhängige Stämme lebten nebeneinander und führten nicht selten Krieg gegen ihre Nachbarn.

Ein rekonstruiertes Keltendorf in Spanien.

Livius berichtet, dass vor allem das Klima sowie Obst und Wein die Kelten nach Süden lockten, und Silius Italicus überliefert uns einen keltischen Wahlspruch, der gelautet haben soll: „Lieber sterben als tatenlos altern." Warum genau aber die Kelten seit dem 5. Jahrhundert v. Chr. aus ihren angestammten Gebieten aufbrachen, ist nach wie vor nicht klar.

Expansion in alle Himmelsrichtungen

Im Norden stießen die Kelten bald auf die ebenfalls vordringenden Germanen. Der nördlichste bislang bekannte keltische Fürstensitz befindet sich aus diesem Grund am Rande der Wetterau (Hessen), rund 20 km nördlich des Mains. Im Westen drangen die Kelten hingegen durch ganz Gallien bis auf die Iberische Halbinsel vor. Im Gegensatz zur völligen Keltisierung Galliens gelang dies jedoch auf der Iberischen Halbinsel nur zum Teil, man spricht deshalb von Keltiberen. Bereits für das 5. Jahrhundert v. Chr. lassen sich im Gebiet der Themsemündung keltische Funde nachweisen. Wann die Kelten, bzw. die keltische Sprache und Kultur, den Norden der Britischen Inseln und Irland erreichten, ist umstritten. Eindeutig archäologisch nachweisbar ist dies erst in der Spätantike. Im Osten erreichten keltische Stämme schon im 5. Jahrhundert v. Chr. Böhmen, dessen Name sich vom keltischen Stamm der ***Boier*** herleitet, und zogen von dort bis nach Schlesien und Siebenbürgen.

Die Besiedelung der Ostalpen vollzog sich im 3. Jahrhundert v. Chr., zu jener Zeit entstand dort das bekannte keltische Königreich ***Noricum***. Schon zuvor waren Kelten entlang der Donau bis zum Schwarzen Meer vorgestoßen, keltische Siedlungen entstanden sogar in Bulgarien und Rumänien. Strabon berichtet, dass 335 v. Chr. keltische Stämme Alexander dem Großen Treue schworen, und 324 v. Chr. befinden sich Kelten an Alexanders Hof in Babylon.

280 v. Chr. gelang einer Gruppe von rund 20.000 Kelten vom Stamm der ***Galater*** der Übergang nach Kleinasien. Dort, auf dem Gebiet der heutigen Türkei, verdingten sie sich zunächst als Söldner für lokale Herrscher, zogen plündernd bis nach Griechenland, siedelten sich aber schließlich im Gebiet rund um das heutigen Ankara an. Bekannt wurde ihr Name durch die Briefe des Paulus an die ***Galater*** im Neuen Testament. Noch um das Jahr 400 n. Chr. berichtet der Kirchenvater Hieronymus von keltisch sprechenden Völkern in Kleinasien. Selbst heute erinnert noch manches in der Türkei an die keltischen ***Galater***, sei es der Istanbuler Fußballverein Galatasaray oder der zugegeben sehr seltene Anblick eines Türken mit roten Haaren und blauen Augen, der zu Spekulationen über dessen Vorfahren anregt.

Der Vorstoß der Gallier nach Süden führte diese über die Alpen, wo sich große Volksgruppen im Gebiet des heutigen Norditaliens, z. B. in der Po-Ebene, ansiedelten und die dort zuvor ansässigen Etrusker verdrängten. Das von Kelten besiedelte Norditalien wurde fortan ***Gallia Cisalpina***, das aus römischer Sicht „diesseits der Alpen gelegene" Gallien, genannt, während das „jenseits der Alpen gelegene" Gallien den Namen ***Gallia Transalpina*** erhielt.

Die Kelten erobern Rom

Der Stamm der ***Senonen*** unter ihrem König Brennus stieß sogar bis Rom vor, das sie 387 v. Chr. in der Tat eroberten. Zuvor waren jedoch die meisten Bewohner geflohen, sodass sie die Plünderung ihrer Stadt nicht miterlebten. Die Kelten blieben rund sieben Monate in Rom, bis die geflohene Bevölkerung der Stadt ihren Abzug mit Gold erkaufte. Livius berichtet, dass die Römer 1.000 Pfund des Edelmetalls zu liefern hatten und dass – als diese Menge schließlich beisammen war und gewogen wurde – Brennus sein Schwert in die Waagschale geworfen habe. Auf den Protest der Römer hin habe der keltische König dann geantwortet: „***Vae victis*** (Wehe den Besiegten)!" Dieser schwarze Tag der römischen Geschichte blieb bis in die Spätantike hinein Staatstrauertag.

Doch die Kelten machten in Rom nicht Halt, sondern zogen weiter nach Süden, bis sie Sizilien erreichten. Danach marodierten sie noch jahrelang durch Italien. Erst um 360 v. Chr. gelang es einem römischen Feldherrn, einen endgültigen Sieg zu erringen und die Ordnung wiederherzustellen. Römer und Kelten stießen erneut während des Zweiten Punischen Krieges (218–201 v. Chr.) aufeinander, da sowohl Kelten aus ***Gallia Cisalpina*** als auch aus ***Gallia Transalpina*** als Söldner auf Seiten des karthagischen Feldherrn Hannibal kämpften.

Die Römer lernten die Kelten als kampfesfreudige und furchtlose, ja todesverachtende Krieger kennen. Ihre Wildheit und fremden Sitten faszinierten die Römer und stießen sie zugleich ab. Die Kelten wurden für die Römer der Republik zum Inbegriff der Barbaren, der wilden und rohen Krieger aus dem Norden. Und doch waren die Errungenschaften der Kelten auf vielen Gebieten alles andere als rückständig, primitiv oder gar barbarisch.

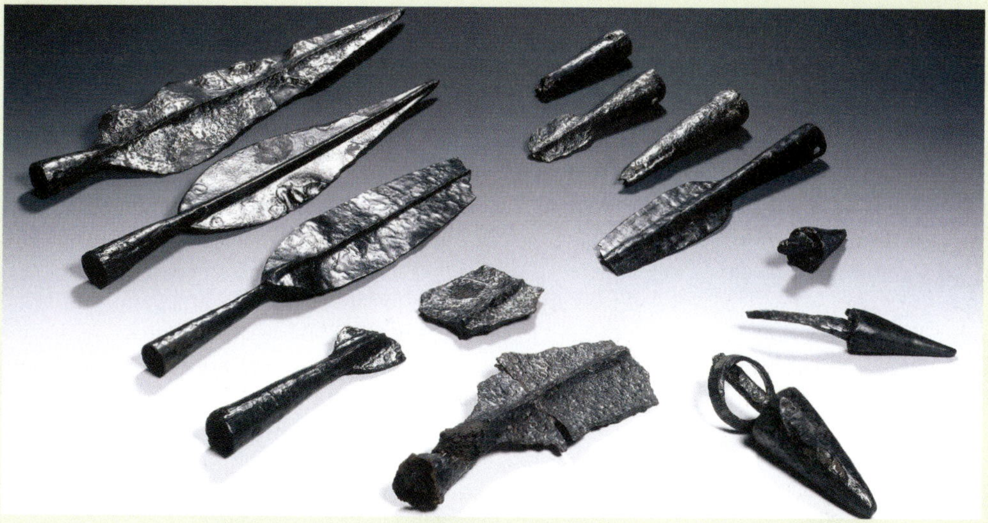

Lanzenspitzen aus der La-Tène-Zeit, Fundstücke von der Schnippenburg bei Osnabrück.

Wirtschaft und Technik

Wie bereits bei der Hallstattkultur beruhte die Wirtschaft der Kelten vor allem auf der Landwirtschaft, dem Bergbau, der Metallverarbeitung sowie dem Handel. Auf vielen dieser Gebiete leisteten die Kelten Erstaunliches. So waren sie es, die in Mitteleuropa den Bergbau einführten, und sie erwiesen sich als wahre Meister dieses Fachs. So bauten sie schon früh im Salzkammergut Salz, im Salzburgerland Kupfer, in Gallien Gold, in Spanien Silber, in den Alpen Eisen und in Cornwall Zinn ab. Einzelne Stollen erreichten eine Tiefe von bis zu 200 m.

Das damals wichtigste Metall war das Eisen. Obschon die Verhüttung von Eisenerz bei den Kelten erst 200 Jahre später als in Italien nachzuweisen ist, verfügten die keltischen Arbeiten jedoch über eine wesentlich höhere Qualität als die italischen. Keltisches Eisen und vor allem die daraus hergestellten Waffen genossen in der gesamten antiken Welt hohes Ansehen. Kein Wunder also, dass der Geschichtsschreiber Diodor es erwähnenswert fand, dass Philipp II. von Makedonien, der Vater Alexanders des Großen, im Jahr 336 v. Chr. mit einem keltischen Dolch ermordet wurde.

Metallarbeiten aus dem keltischen Königtum Noricum (auf dem Gebiet der heutigen österreichischen Bundesländer Kärnten, Salzburg, Oberösterreich, Niederösterreich, Steiermark sowie Teilen Tirols und Bayerns) waren besonders geschätzt. Norische Schwerter wurden schon damals aus Stahl hergestellt und waren allen vergleichbaren Waffen, auch den römischen, überlegen. Nicht umsonst ist das lateinische Wort für ein Kurzschwert ***(Gladius)*** der keltischen Sprache entliehen. Das Kettenhemd ist ebenfalls eine keltische Erfindung und wurde später von den Römern übernommen.

In vielen weiteren handwerklichen Bereichen haben die Kelten Erstaunliches geleistet, etwa bei der Leder- und Textilverarbeitung, der Glasherstellung, der Drechslerei und der Wagnerei. Nicht nur der bis in das 19. Jahrhundert verwendete zweiachsige Wagentyp mit

Drehschemellenkung war eine keltische Erfindung, die Kelten waren auch die Ersten, die eine Art Federung in ihre Wagen einbauten. Die Römer übernahmen nicht nur zahlreiche technische Details, sondern auch Begriffe des Wagenbaus von den Kelten.

Die Römer haben von den Kelten in vielen Bereichen gelernt, wie über 200 keltische Lehnwörter für Waffen, Fahrzeuge und Textilien in der lateinischen Sprache belegen, z. B. ***carrus*** (Karren, Wagen), ***mantum*** (Mantel), ***caliga*** (Soldatenstiefel) oder ***bracae*** (Hosen).

Ebenfalls von den Kelten übernahmen die Römer eine frühe Form des Mähdreschers, ***vallus*** genannt. Im Grunde war dies ein vorne offener, zweirädriger Wagen, der an der Front mit scharfen Messern versehen war und von Eseln geschoben wurde. Plinius der Ältere beschreibt dieses Gerät ausführlich, und Abbildungen sind auf verschiedenen Reliefs erhalten geblieben. Die Kelten exportierten aber nicht nur Metalle und hochwertige Metallwaren, sie handelten auch mit Salz, Tuch und Fleisch. An Importwaren sind vor allem Wein und Öl sowie luxuriöse Trinkgefäße aus dem Mittelmeerraum, aber auch Seide aus China belegt.

Für den Handel und andere profane Dinge bedienten sich die Kelten durchaus auch der Schrift. Sie entwickelten jedoch (abgesehen von der irischen Ogham-Schrift der Spätantike bzw. des frühen Mittelalters) niemals ein eigenes Alphabet, sondern nutzten das griechische oder später das römische System, wie erhaltene Inschriften belegen. Wissenschaftler gehen heute davon aus, das einzig das Fehlen einer eigenen Schrift die Kelten vom Schritt zur Hochkultur trennte. Warum die Kelten diesen Schritt nicht vollzogen, bleibt geheimnisvoll.

Man nimmt an, dass der Grund für die Nichtverwendung der Schrift bei den Druiden lag, die bewusst darauf verzichteten. Da die Druiden die gebildete Schicht innerhalb der keltischen Gesellschaft, gleichsam deren „Intellektuelle", darstellten, hätte eine umfassende Verwendung von Schrift, sei es nun mit Hilfe eines eigenen oder eines adaptierten Alphabets, von ihnen ausgehen müssen. Warum die Druiden sich der Schrift jedoch verweigerten, bleibt rätselhaft. Geschah es, um ihr Wissen und damit ihr Ansehen innerhalb der Gesellschaft zu schützen? Waren es kultische, religiöse oder magische Gründe? Wir wissen es nicht, eben auch aufgrund der fehlenden schriftlichen Zeugnisse aus keltischer Hand!

Seit etwa 400 v. Chr. finden sich Münzen, zunächst vor allem griechische, später auch nach deren Vorbild geprägte Geldstücke aus Kupfer, Silber und Gold. Die Geldwirtschaft schuf zwar bessere Vorausetzungen für Handel und Handwerk, hatte jedoch schon damals auch negative Auswirkungen. So berichtet Caesar, dass das Kreditwesen bei den Galliern florierte, nicht wenige aber überschuldet waren oder gar wegen Zahlungsunfähigkeit versklavt wurden. Adlige erhoben für sich einträgliche Zölle, welche ihren Reichtum begründeten, das einfache Volk jedoch belasteten.

Oben: Julius Caesar auf einer alten römischen Münze.
Rechts: Menhire auf den Orkney Islands vor Schottland.

Die Gesellschaft

Den antiken Autoren zufolge ist von einer Dreiteilung der keltischen Gesellschaft in eine adlige Oberschicht, aus der wohl auch die Druiden stammten, das Volk und in Hörige bzw. Sklaven auszugehen. Auch die mit reichen Grabbeigaben versehen Fürstengräber von z. B. Glauberg oder Vix bestätigen das Vorhandensein einer adligen Oberschicht, welche wohl die politische und wirtschaftliche Macht innehatte. Obschon ein Großteil der Kelten als Bauern seinen Lebensunterhalt verdiente, gab es bereits eine breitgefächerte Spezialisierung verschiedener Berufe und städtische Ansiedlungen. Insbesondere an Handelswegen entstanden in der La-Tène-Zeit befestigte Städte, so genannte ***Oppida***, mit bis zu mehreren tausend Einwohnern – in Deutschland z. B. bei Manching, Martberg und Wallendorf. In Österreich ist vor allem Magdalensberg gut erforscht. In der Schweiz finden sich Reste von ***Oppida*** in Bern-Enge und Basel-Münsterhügel. Die bekanntesten ***Oppida*** sind jedoch mit Sicherheit Alesia und Bribracte in Gallien, die auch bei Caesar Erwähnung finden.

Die keltische Sprache und Kultur hatte sich seit dem 5. vorchristlichen Jahrhundert über weite Teile West-, Mittel- und Südosteuropas verbreitet, eine politische Einheit bildeten die Kelten jedoch nie. Sie blieben in einzelnen Stämmen organisiert, die nicht selten miteinander im Streit lagen oder gar Krieg gegeneinander führten. Benachbarte Stämme waren beständige Rivalen, und die Stärke und Macht eines Stammes zeigte sich besonders dadurch, dass er möglichst viele tributpflichtige Nachbarn besaß.

Laut Caesar hatten die gallischen Männer die absolute Gewalt über Leben und Tod ihrer Frauen und Kinder. Auch andere Autoren beschreiben die keltische Gesellschaft als patriarchalisch, berichten jedoch auch über Ausnahmen. So sollen nicht nur männliche Nachkommen, sondern auch Töchter oder Witwen die Herrschaftsfolge angetreten haben. Auf den Britischen Inseln soll der Name der Sippe sogar matrilinear weitergeben worden sein.

Wie sahen die Kelten aus?

Die Kelten werden von allen antiken Autoren übereinstimmend als hochgewachsen, kräftig, blauäugig, sehr hellhäutig und mit blondem bis rötlichem Haar beschrieben. Zudem sollen sie eine Vorliebe für Schnurrbärte gehabt und großen Wert auf ihr Äußeres gelegt haben. Strabon erwähnt, dass ihr Haar durch regelmäßiges Waschen mit Kalkschlamm so dick wurde, dass es sich kaum von der Mähne eines Pferdes unterschied, oder sie sich Fett in das ungeschnittene Haar schmierten, sodass dieses dann wild abstand und sie wie ***Satyrn*** aussehen ließ. Antiken Quellen zufolge waren die Kelten sehr körperbewusst, Übergewicht galt als Schande. Tätowierungen, Kriegsbemalungen sowie das Färben der Haare werden von den antiken Autoren ebenfalls berichtet und konnten zum Teil auch archäologisch bestätigt werden.

Die Werke Diodors und römische Darstellungen aus dem ersten Jahrhundert v. Chr. geben einen Eindruck von der Kleidung der Kelten, der sich allerdings aus offenkundigen Gründen nicht mehr archäologisch belegen lässt.

Keltische Männer trugen ein einfaches, geschlossenes Oberhemd, ähnlich dem ***Chiton*** der Griechen, nicht selten grell gefärbte und gemusterte mantelartige Umhänge und die den Römern und Griechen fremden Hosen. Diese waren eine Erfindung der östlichen Steppenvölker

Ein so genanntes Keltenkreuz in Irland:
Ein Symbol für die spätere Christianisierung der keltischen Gebiete.

und wurden zu einem Merkmal der Kelten. So nannten die Römer das freie Gallien auch „Gallia bracata“, das Hosen tragende Gallien, gegenüber dem romanisierten, Toga tragenden Gallien, „Gallia togata“.

Auch die Frauen trugen bunt gefärbte Kleidung, die oftmals gestreifte und gewürfelte Muster zeigte. Sie trugen Obergewänder und Mäntel ähnlich denjenigen der Männer und einen Rock aus Leinen oder Wolle.

Archäologisch besser belegbar als die Tracht der Kelten ist ihr Schmuck, der sich oft in Gräbern erhalten hat. Neben sehr variantenreichen weiblichen Schmuckstücken finden sich vor allem zahlreiche Fibeln, eine Art Spange zum Schließen der Umhänge, und das Kennzeichen des keltischen Krieger schlechthin, der Halsring ***(torques)***. Dieser Ring ist oft auch das einzige Schmuckstück, das in Gräbern zu finden ist. Die Halsringe zeigen eine konservative Form, die sich während der gesamten keltischen Epoche nur wenig verändert. Ursprünglich bestand der Halsring aus mehreren miteinander verflochtenen Metallsträhnen, doch finden sich solche echten ***torques*** nur sehr selten und in ohnehin reich ausgestatteten Gräbern.

Antike Autoren, z. B. Strabon, berichten weiterhin, dass die Kelten Gelage und Festessen, die mitunter Tage dauern konnten, sehr schätzten. Dort aß man, wie aus Asterix bekannt, vor allem Wildschweinbraten und trank importierten Wein oder selbstgebrauten Honigmet. Bei diesen Festivitäten saßen die Kelten auf Bänken an Tischen und lagen nicht wie die Römer, um zu speisen. Diese keltische Vorliebe für Wein und Met wird durch Grabfunde bestätigt, bei denen immer wieder eine Reihe von Trinkhörnern gefunden wurden. So entdeckte man im Fürstengrab von Hochdorf neun Trinkhörner, acht davon aus Auerochsenhörnern mit goldenen Mündungsblechen und eines aus Eisen, 123 cm lang und 5,5 Liter fassend. Ein im Grab befindlicher Bronzekessel von 500 Litern (!) Fassungsvermögen war Untersuchungen zufolge zur Zeit der Schließung des Grabes offenbar zu gut drei Vierteln mit Met gefüllt gewesen.

Laut Cassius Dio verfügten die Kelten über zwei große Leidenschaften: das Trinken und den Krieg. Kein Wunder, dass die keltischen Krieger in der Antike als ungestüm, zäh und wild angesehen wurden. Sie galten als überaus mutig und todesverachtend. Strabon rühmte ihren Trotz und ihre Unbeugsamkeit. So berichtet er von kriegsgefangenen Kelten, die noch am Kreuz hängend ihr Siegeslied gesungen hätten.

Der Untergang der Kelten

Doch trotz all ihren Mutes und ihrer Wildheit war die Kultur der Kelten dem Untergang geweiht. Durch ihre Expansion gen Süden, die Plünderung Roms 387 v. Chr. und die Teilnahme keltischer Stämme an den Punischen Kriegen auf karthagischer Seite hatten sie sich einen übermächtigen Feind geschaffen: Rom.

Nach dem Ende des Zweiten Punischen Krieges 201. v. Chr., der Rom zur Hegemonialmacht im Mittelmeerraum gemacht hatte, begannen die Römer, die keltischen Stämme Oberitaliens zu unterwerfen. Hier zeichnete sich nun ab, was sich bei praktisch allen keltischen Stämmen zwischen Iberischer Halbinsel und Anatolien, Britannien und Oberitalien wiederholen sollte: Der disziplinierten, gut ausgebildeten römischen Armee waren die wilden, todesverachtenden,

Ein Armreif mit Fibel: Fundstück aus der La-Téne-Zeit, Schnippenburg bei Osnabrück.

aber undisziplinierten keltischen Krieger nicht gewachsen. Die Rivalität und innere Zerstrittenheit der Stämme untereinander taten ihr Übriges. Die unterlegenen Stämme wurden romanisiert, wobei die Römer, von jeher Meister in der Übernahme dessen an Technologie, was ihnen brauchbar erschien, all das assimilierten, was sie selbst als nützlich erachteten.

Ab 133 v. Chr. begann im heutigen Spanien ein langer Kampf der dortigen Kelten gegen die römische Besetzung, der sich bis 61 v. Chr. hinzog, als Gaius Julius Caesar den letzen keltischen Widerstand niederschlug. 125–118 v. Chr. eroberten römische Truppen weite Teile des heutigen Südfrankreichs und unterwarfen die dortigen keltischen Stämme. Ihr Gebiet wurde römische Provinz. 58 v. Chr. wurde Caesar Statthalter ebendieser Provinz und begann alsbald mit der Eroberung des restlichen Galliens. Die gallischen Kelten waren lange uneins und daher nicht in der Lage, Caesars Legionären erfolgreich Paroli zu bieten. Erst Vercingetorix schaffte es 52 v. Chr., die Gallier zu vereinen. Doch schließlich unterlag auch er bei Alesia der überlegenen römischen Kriegskunst und wurde Caesars Gefangener.

Nachdem Caesar 51–50 v. Chr. auch den letzen Widerstand in Gallien gebrochen hatte, wandte er sich wieder innenpolitischen Zielen zu. Sein Ehrgeiz führte nun jedoch dazu, dass er sich den römischen Senat zum Feind machte und dieser ihn wiederum zum Staatsfeind erklärte. Im daraufhin ausbrechenden Bürgerkrieg gegen seinen ehemaligen Mitkonsul Pompeius Magnus eroberte Caesar auch ganz Kleinasien und damit das Gebiet der ***Galater***.

Nach sechs Jahren Haft und seiner schmählichen Vorführung bei einem Triumphzug wurde Vercingetorix 46 v. Chr. auf Geheiß Caesars erdrosselt. Doch auch Caesar ereilte 44 v. Chr. sein Schicksal: Von republikanischen Verschwörern wurde er auf den Stufen des Senats erdolcht.

Das Rückzugsgebiet der Kelten

In den Jahren 15–14 v. Chr. stießen römische Legionen zur oberen Donau vor und unterwarfen die dortigen Kelten. Auf dem europäischen Festland waren damit praktisch alle keltischen Stämme unter römische Herrschaft geraten. Einzig auf den Britischen Inseln existierten noch freie keltische Gemeinwesen. Bereits 55 und 54 v. Chr. hatte Caesar mit seinen Legionen den Kanal überquert und britischen Boden betreten, da die Festlandskelten von dort in ihrem Kampf gegen Rom Unterstützung erfuhren. Nach einem erneuten Versuch im Jahr 40 n. Chr. gelang es den römischen Truppen jedoch erst ab 43 n. Chr., auf den Britischen Inseln nach und nach immer weiter nach Norden vorzustoßen. Einzig Irland und große Teile des heutigen Schottlands blieben den Kelten als Rückzugsgebiet.

Hier muss nun gesagt werden, dass es in Irland zu jener Zeit zwar eindeutige Belege für die keltische Sprache, jedoch keine archäologischen Funde gibt, die eine Verbindung zur La-Tène-Kultur beweisen würden. Diese tauchen erst in der Spätantike auf.

Ähnlich kompliziert ist das Bild in Schottland. Ob die dort ansässige Bevölkerung, von den Römern ***Pikten*** (von lat. ***pictus*** = bemalt) genannt, den Kelten zuzuordnen ist oder Keltisch sprach, ist mehr als umstritten.

Aber trotz aller Romanisierung lebten die Sprache und Teile der keltischen Kultur weiter. Erst die bei der Völkerwanderung ab dem 5. Jahrhundert n. Chr. vordringenden germanischen Stämme und die im frühen Mittelalter einsetzende Christianisierung versetzten der keltischen Kultur und Sprache den Todesstoß, sodass diese danach nur noch in Randgebieten angetroffen werden konnten.

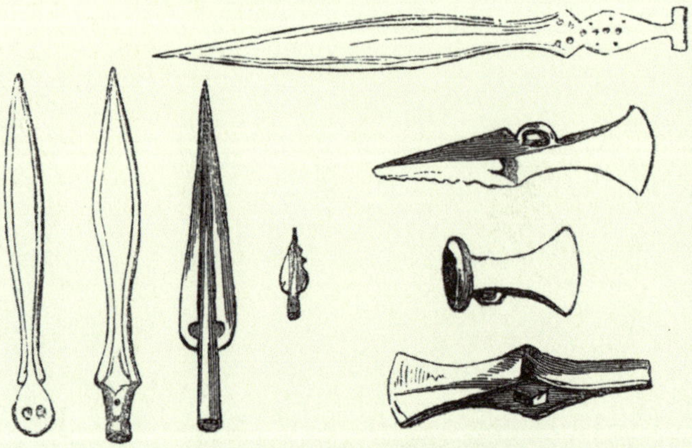

Oben: Eine Auswahl von Waffen aus keltischen Grabfunden.
Rechts: Der Ring of Brodgar auf Orkney, Schottland.

ZEITTAFEL
(ALLE ANGABEN GELTEN NUR F¸R EUROPA)

ab ca. 5.000–4.000 v. Chr., *Neolithikum (Jungsteinzeit)*
Menschen werden sesshaft, betreiben im großen Stil Ackerbau und Viehzucht (neolithische Revolution).
um 3.500 v. Chr., *Kupfersteinzeit*
Beginn der Verarbeitung und Nutzung von Kupfer.
um 2.200 v. Chr., *Beginn der Bronzezeit*
Beginn der Verarbeitung und Nutzung von Bronze, einer Legierung aus 10 % Zinn und 90 % Kupfer.
um 1.300 v. Chr., *Späte Bronzezeit*
Beginn der Urnenfeldkultur, „Protokelten“.
um 800 v. Chr., *Beginn der Eisenzeit*
Hallstattkultur, Kelten.
5. Jhd. v. Chr., *Eisenzeit*
Griechische Autoren berichten erstmals über die *Keltoi*; Beginn der keltischen Wanderungsbewegung, bzw. Ausbreitung der keltischen Sprache und Kultur.
490 v. Chr.
Schlacht der Griechen gegen die Perser bei Marathon.
480 v.Chr.
Sieg der Griechen über die Perser bei Salamis.
um 450 v. Chr.
La-Tène-Kultur.
um 400 V. Chr.
Beginn der Keltenwanderung über die Alpen nach Süden.
387 v.Chr.
Die Kelten dringen nach Rom vor, brennen die Stadt nieder und plündern sie.
335 v.Chr.
Der Makedonenkönig Alexander der Große stößt zur Donau vor, die dortigen Kelten schwören ihm Treue.
333 v.Chr.
Alexander der Große schlägt das Heer des Perserkönigs Dareios III. bei Issos.
331 v. Chr.
Endgültige Niederlage Dareios' III. gegen Alexander bei Gaugamela.
323 v. Chr.
Alexander stirbt in Babylon. Seine Generäle, die Diadochen, beginnen, um das Erbe zu streiten.
280 v. Chr.
20.000 Kelten des Stammes der *Galater* gelingt der Übergang nach Kleinasien.

264–241 v. Chr.
Erster Punischer Krieg, an dem auch keltische Söldner auf karthagischer Seite teilnehmen.
218 v. Chr.
Beginn des Zweiten Punischen Krieges. Hannibal überquert mit verbündeten Kelten die Alpen. Später verbünden sich auch oberitalienische Keltenstämme mit ihm.
201–175 v. Chr.
Nach der Niederlage Hannibals und dem Ende des Zweiten Punischen Krieges unterwerfen die Römer die oberitalienischen Kelten.
ab 133 v. Chr.
Spanien: Aufstand der iberischen Kelten gegen Rom.
125–118 v. Chr.
Römische Truppen erobern weite Gebiete Südfrankreichs.
ab ca. 75 v. Chr.
Der keltische Stamm der Belger beginnt, sich im Süden der Britischen Inseln niederzulassen.
61 v. Chr.
Caesar bricht den letzten keltischen Widerstand in Spanien.
ab 58 v. Chr.
Caesar erobert den noch freien Teil Galliens.
55 und 54 v. Chr.
Caesar setzt zweimal nach Britannien über.
52 v. Chr.
Vercingetorix eint die gallischen Kelten, unterliegt Caesar aber bei Alesia.
50–51 v. Chr.
Caesar bricht den letzten keltischen Widerstand und befriedet Gallien, Beginn der Romanisierung Galliens.
49 v. Chr.
Caesar wird vom römischen Senat zum Staatsfeind erklärt, überschreitet den Rubikon und besiegt Pompeius in einem dreijährigen Bürgerkrieg.
47 v. Chr.
Caesar erobert Kleinasien einschließlich des Gebietes der ***Galater***.
46. v. Chr.
Hinrichtung des Vercingetorix in Rom.
44 v. Chr.
Ermordung Caesars.
15–14 v. Chr.
Römischer Vorstoß zur oberen Donau, Zerstörung Manchings, Gründung der römischen Provinzen Raetia und Noricum.
40 n. Chr.
Erneuter römischer Versuch, Britannien zu erobern.

43–52 n. Chr.
Römische Truppen besetzen den südlichen Teil Britanniens.

ab 78 n. Chr.
Römische Eroberung des nördlichen Teils Britanniens, Vorstoß über die Linie Forth-Clyde hinaus bis nach Schottland. Fortschreitende Romanisierung Britanniens außer des nördlichen Schottlands und Irlands.

ab dem 4. Jhd. n. Chr.
Sachsen, Angeln und Jüten aus dem heutigen Norddeutschland und Dänemark beginnen, das römische Britannien zu überfallen.

391 n. Chr.
Kaiser Theodosius I. erhebt das Christentum zur römischen Staatsreligion.

410 n. Chr.
Abzug der römischen Truppen aus Britannien.

ab 410 n. Chr.
Sachsen, Angeln und Jüten beginnen in Britannien, die romanisch-keltische Bevölkerung zu verdrängen.

um 450 n. Chr.
Auf der Flucht vor der germanischen Völkerwanderung erreichen Kelten aus Spanien und Gallien Irland und lassen sich dort neben der (wahrscheinlich keltischen) Urbevölkerung nieder.

476 n. Chr.
Absetzung des letzten weströmischen Kaisers Romulus Augustulus durch den germanischen Heerführer Odoaker.

um 500 n. Chr.
Sankt Patrick beginnt mit der christlichen Missionierung Irlands.

563 n. Chr.
Sankt Columba beginnt mit der Missionierung Schottlands.

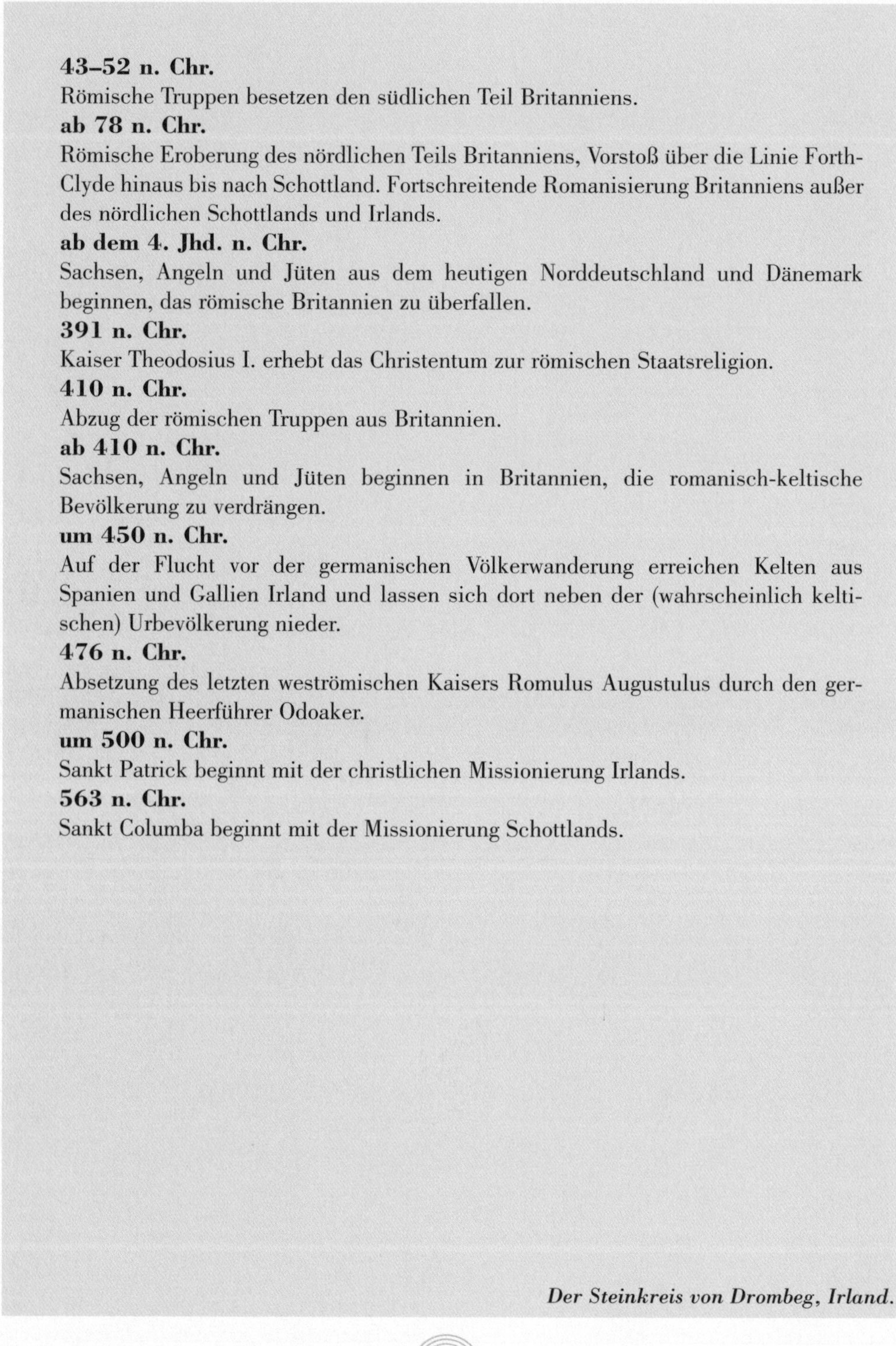

Der Steinkreis von Drombeg, Irland.

Die Religion der Kelten

Beschäftigt man sich mit der Religion der Kelten, so stellt man fest, dass auch auf diesem Gebiet vieles rätselhaft und ungeklärt bleibt. Denn wie nicht anders zu erwarten ist, sind auch hier die Zeugnisse aus der Vergangenheit spärlich, vieldeutig oder tendenziös.

Hinzu kommt, dass die Kelten ja nicht in einem einzigen „keltischen Staat", sondern in zahlreichen, nur lose miteinander verbundenen Stämmen lebten. Aus diesem Grund liefern die antiken Autoren allenfalls Hinweise auf die Religion einzelner keltischer Gebiete

Wo die keltischen Gebiete Provinzen des Römischen Reiches wurden, übernahmen die dort ansässigen Kelten Teile der griechisch-römischen Kultur des Mittelmeerraums und vermischten sie mit ihren althergebrachten Vorstellungen und Traditionen. Dieser Vorgang wurde jedoch durch die relative kulturelle und kultische Toleranz der Römer nicht nur erst ermöglicht, sondern geradezu gefördert. Besonders in den französischen und deutschen Siedlungsgebieten der Kelten kam es zu einer Synthese der religiösen Ideen und Philosophien. Die Römer erhoben keineswegs einen Absolutheitsanspruch darauf, die einzig richtige oder wahre Religion ihr eigen zu nennen, sondern setzten diese Vermischung der Glaubensvorstellungen mehr oder minder bewusst ein, um ihre Herrschaft in den eroberten Provinzen zu sichern.

Zeitzeugnisse

Ähnliche Probleme werfen die mittelalterlichen Quellen von den Britischen Inseln auf. Die irischen und walisischen Mythen und Sagen, die von Mönchen aufgezeichnet wurden, haben dabei erhebliche Veränderungen erfahren. Die früheren Götter verwandelten sich in Helden, mythische Könige oder Elfen. Auffallend ist dabei der Wandel der Erzählungen von ursprünglichen religiösen Mythen zu Heldensagen, Märchen oder zu Heiligenlegenden. Die Götterwelt der Kelten Irlands und Wales' ist in den Sagen so nur noch andeutungsweise zu erkennen.

Nichtsdestotrotz bieten diese Zeugnisse, vor allem diejenigen des 8. und 9. Jahrhunderts, neben Caesars „De Bello Gallico" die besten Textquellen, die der Wissenschaft heute zur Rekonstruktion der keltischen Religion zur Verfügung stehen. Insofern bezieht sich vieles, das wir über die keltische Religion wissen, vor allem auf den gallischen und inselkeltischen Raum. Auch die Archäologie liefert Hinweise auf die religiösen Vorstellungen der Kelten. Manche aus Sagen und Geschichten bekannte Gestalten lassen sich z. B. erst durch Statuetten oder Verzierungen auf Waffen und Schmuck als einstige Gottheiten identifizieren. Beschäftigt man sich näher mit archäologischen Funden aus keltischer Zeit, so erhält man zudem einen recht guten Eindruck von der Vorstellungswelt derjenigen, die diesen Schmuck oder Kultgegenstände einst anfertigten. Ihre Welt erscheint uns heute fremd, ist sie doch offensichtlich von zahlreichen magischen Geschöpfen, fantastischen Gestalten, Fabelwesen, fratzenhaften Dämonen und übernatürlichen Kräften bevölkert.

Die keltischen Götter

Den Kelten Galliens und der Britischen Inseln bescheinigt Caesar eine tiefe Religiosität, die auch von anderen antiken Autoren bestätigt wird. Sie betonen auch, dass es bei den Kelten – im Gegensatz zum griechisch-römischen Kulturraum, der keine hauptamtlichen Priester kannte – einen eigenen Priesterstand gab: die Druiden.

Eichenholzmaske des keltischen Waldgottes.

Den Druiden kam eben aufgrund dieses keltischen Hanges zum Religiösen eine wichtige Stellung als Mittler zwischen den Menschen und ihren Göttern zu. Wer waren nun also diese Gottheiten?

Betrachten wir die zentralen keltischen Gottheiten, so ist zwischen den Festlandskelten und den Inselkelten zu unterscheiden, da die Quellen über die religiösen Vorstellungen dieser beiden Gruppen mit einer erheblichen zeitlichen Differenz voneinander entstanden. Über die Festlandskelten liegen uns vor allem Berichte von Römern und, in geringem Umfang, auch von Griechen vor, für die der Polytheismus die normale Form von Religion war. Daher schildern diese antiken Autoren freimütig Gemeinsamkeiten und Unterschiede zwischen den eigenen und den keltischen Göttern. Die Gottheiten der Inselkelten müssen dagegen erst in den Sagen, als welche die christliche Mönche die früheren Mythen aufzeichneten, erschlossen werden. Vergleiche beider Quellenformen miteinander sowie mit archäologischen Funden sind hilfreich, um ein Gesamtbild der Gottheiten zu entwickeln.

Einheit in der Vielfalt

Sowohl der keltische Pantheon als auch grundsätzliche Aspekte der keltischen Religion lassen sich recht gut mit dem modernen Schlagwort „Einheit in der Vielfalt“ kennzeichnen. Eine gewisse Vielfalt entstand allein schon durch die Existenz zahlreicher autonomer keltischer Stämme, von denen ein jeder die großen keltischen Gottheiten, oft aber unter verschiedenen Namen und mit differierenden Details, Zuständigkeitsbereichen oder Mythen verehrte. Dies allein wäre für eine umfassende Betrachtung der keltischen Götter und Glaubensvorstellungen schon verwirrend genug, verkompliziert wird dies jedoch noch zusätzlich durch die „personelle Vielheit“ der keltischen Götter. Den wichtigsten keltischen Gottheiten wurden nämlich gleichzeitig verschiedene Funktionen zugeschrieben, dies allerdings unter einem jeweils anderen Namen. Daraus entsteht eine kaum überschaubare Fülle von zwar identischen, aber unterschiedlich bezeichneten Gottheiten. Keltologen kommen bei ihren Zählungen auf weit über 300, teils sogar 375 unterschiedliche Namen für die Gottheiten. Die keltische Muttergöttin z. B. verkörpert nur einen bestimmten Aspekt der gesamten weiblichen Gottheit, der wir zugleich jedoch – unter anderem Namen – auch als Kriegsgöttin begegnen können.

Die Dreiheit

In der Regel begegnet man den wichtigsten keltischen Göttern als „Dreiheit“, d. h. dass diese zugleich eine und drei Gestalten sind. Keltologen nehmen als wesentliche Ursache für diesen keltischen Hang zur „Dreiheit“ die Möglichkeit an, Gegensätzliches gleitend miteinander zu verbinden, z. B. die Abstufungen Hell – Zwielicht – Dunkel und Jugend – Reife – Alter. Zudem, so wird vermutet, drückten die Druiden Geheimnis und Unendlichkeit des Göttlichen durch eine größtmögliche mythische Vielfalt, Vielschichtigkeit und Vieldeutigkeit aus. Jede keltische Gottheit hat eine Vielzahl von Gestalten, die oftmals in „Dreiheiten“ auftreten, nicht selten aber auch allein stehen. Verständlicherweise macht dies ein systematisches Vorgehen praktisch unmöglich: Allein für den römischen Mars finden sich auf Inschriften 69 verschiedene keltische Entsprechungen. Archäologisch lässt sich die „Dreiheit“ zahlreicher Götter durch Funde von Statuen oder Reliefs mit dreigesichtigen Gottheiten belegen.

Ein alter Grabstein mit keltischen Motiven in Irland.

Grundsätzlich ist die keltische Religion eine interessante Mischung aus Mono- und Polytheismus. All ihre Götter, so glaubten die Kelten, seien ursprünglich aus einem allumfassenden göttlichen Wesen, gleichsam einem Urgott und Schöpfer, von Caesar nach dem römischen Gott der Unterwelt ***Dis Pater*** genannt, hervorgegangen. Die grundlegende Manifestation dieses göttlichen Wesens war zunächst ein männliches und weibliches Götterpaar.

Die Muttergöttin

Der weibliche Teil dieses Paares wird allgemein als Große Göttin, Muttergottheit oder Erdmutter identifiziert, welche in ihrer „Dreiheit" verschiedene Gestalten annimmt. Diese verkörperten das schöpferische Prinzip im ewigen Kreislauf von Werden und Vergehen, konnten darüber hinaus aber auch spezifische Funktionen übernehmen, z. B. können sie als Königin auftreten, entweder allein ***(Rigani, Modron, Sul)*** oder als Partnerin eines göttlichen Herrschers ***(Bormana, Nantosvelta, Brigit)***. Gemeinsam mit ihrem Partner kann sie dann auch schöpferisch wirken, oft im Rahmen einer „heiligen Hochzeit", gefolgt durch die Geburt des „göttlichen Kindes" ***(Rhiannon, Modron)***.

Eine ähnliche Funktion wird den Urmüttern zugeschrieben, von denen die unterschiedlichen keltischen Stämme ihre Herkunft ableiteten ***(Anu/Danu, Dôn)***. Diese Göttinnen können den fruchtbaren Boden ***(Banba, Fodla, Ériu, Brigantia)*** oder den lebensspendenden Fluss, bzw. das Wasser ***(Matrona, Dôn, Boand)*** verkörpern. Ebenso treten sie als Wald- und Jagdgöttinnen ***(Abnoba, Arduina)*** in Erscheinung. In Form der Göttin des Viehs ***(Flidais)*** und der Feldfrüchte ***(Tailtiu)*** genoss die Muttergottheit besondere Verehrung, und ihr wurden zahlreiche Heiligtümer eingerichtet. Viele Funde von Statuen, oft in Dreiergruppen, aus Frankreich, Deutschland und England belegen die rege Anbetung.

Doch nicht nur als gute, konstruktive Göttin wurde die Muttergottheit verehrt, auch die destruktive Seite trat in Erscheinung. Dieses Dunkle der Gottheit verkörperten Kriegs- und Todesgöttinnen, die bedrohten und mordeten ***(Bodh, Macha, Morrigan)***.

Die Göttin der Pferde ***(Epona)*** wurde ebenfalls häufig verehrt, da die Kelten berühmte Pferdezüchter waren. Keltische Kavalleristen in römischen Diensten verbreiteten ihren Kult im ganzen Imperium, und schließlich wurde Epona als einzige Gottheit eines nördlichen „Barbarenvolkes" auch von römischen Adligen verehrt. Reiter und Züchter riefen sie Inschriften und Weihereliefs zufolge fast ausschließlich als Schützerin der Pferde und besonders der Fohlen an. Epona war im weiteren Sinne auch eine Göttin der Fruchtbarkeit und des Wachstums, interessanterweise zugleich aber auch eine Göttin der Anderswelt und Führerin ins Jenseits und zur Wiedergeburt. Epona ist auch die Tochter des höchsten Götterpaares und damit die Große Göttin selbst in ihrer Jugendgestalt.

Je nach ihren Zuständigkeiten und Aufgaben wurden den weiblichen Gottheiten bestimmte heilige Tiere zugeordnet: Die Kuh und die Bärin z. B. begleiteten die Göttinnen, in deren Bereich Fruchtbarkeit und Schutz fielen. Die Hirschkuh hingegen wurde der Jagdgöttin und die Raben der Kriegsgöttin zugeordnet. In anderen Darstellungen finden sich daneben auch häufiger Hunde oder Vögel, vor allem Eulen, als Begleiter der Göttinnen.

Der Vatergott

Der männliche Part der Gottheit, der Vatergott, begegnet uns ähnlich vielgestaltig wie sein weibliches Gegenüber. Besonders zentral ist die Gestalt des Sonnengottes. Diese kann sowohl als rettender junger Krieger und prächtiger Fürst auftreten ***(Aed, Lug, Belenus)*** und dergestalt die Frühlingssonne verkörpern, aber auch als bösartiger, destruktiver einäugiger Riese ***(Goll, Balor)*** in Erscheinung treten und so die alles verbrennende, sengende Sommersonne symbolisieren. Das Pferd als wichtiges und geschätztes Tier im keltischen Alltag wird dem Sonnengott zugeordnet, denn es sind die strahlenden Himmelsrösser, welche den Sonnenstreitwagen der jugendlichen Inkarnation des Sonnengottes über den Himmel ziehen.

Durch ihren täglichen Zyklus aus Aufgang, Himmelslauf und Untergang ist die Sonne bei den Kelten, wie in zahlreichen anderen Kulturen auch, ein Symbol des über den Tod hinaus weitergehenden Lebens und der Wiedergeburt Daher tritt sie häufig gemeinsam mit Gottheiten, die für das keltische Jenseits, die „Anderswelt", stehen ***(Dagda/Eochaid Ollathair, Sucellus)*** in Erscheinung. Als Vatergottheiten sind diese wiederum auch schöpferische Kräfte, die – oft in Verbindung mit der Muttergöttin – den schöpferischen Akt vollziehen. Die Kräfte der Sonne werden auch denjenigen Helden, die oft als Söhne oder Inkarnationen des Sonnengottes geschildert werden ***(Cuchulínn, Cú Roi, Eochaid)***, zugeordnet.

Bei den Kelten des europäischen Festlandes tritt zudem oftmals eine Erd- oder Fruchtbarkeitsgottheit auf, welche meistens gehörnt oder mit Hirschgeweih dargestellt wird. Diese Gottheit symbolisiert die Wachstumskraft der Erde ***(Cernunnos)***.

Eine weitere zentrale Gottheit stellt ***Teutates*** dar. Er wird allgemein als eigentlicher Stammesgott (Touto-tati-s = keltisch für „Vater des Stammes") gesehen, als väterlicher Führer in Krieg und Frieden. Man vermutet, dass die gallischen Kriegsgötter mit Widderhörnern oder in Begleitung eines Ebers ***Teutates*** darstellen könnten.

Cernunnos, eine keltische Erd- oder Fruchtbarkeitsgottheit.

Daneben wurden ***Teutates*** die Bereiche Wohlfahrt und Fruchtbarkeit zugewiesen. Die Aufgabe des Kriegsgottes verkörpert in hohem Maße auch ***Tarannis***, ein Gott des Donners und Blitzes, und somit ursprünglich wohl ein Wettergott. Heiliges Tier des ***Teutates*** ist der Widder, sodass dieser Gott nicht selten auch mit einer Maske mit Widderhörnern dargestellt wurde. ***Tarannis*** hingegen entspricht das Pferd mit einem Menschenkopf .

Esus wird oft als Gott des Handels und der Wege, aber auch der Bauern und der Jagd charakterisiert, sein heiliges Tier ist der Eber.

Zusammen mit ***Teutates*** und ***Tarannis (Cernunnos)*** bildet Esus eine Götterdreiheit in bestimmten Mythen. All diese Gottheiten trugen zugleich auch Züge des Vatergottes. ***Sucellus*** ist der keltische Gott des Waldes bzw. der Fruchtbarkeit. In Irland trifft man zudem noch auf ***Dagda***, den ursprünglichen Sonnen- und Ahnengott. Neben diesen Hauptgottheiten existierten vor allem auf den Britischen Inseln weitere zahlreiche Götter in Gestalt von Geschwistern, Vorfahren oder Nachkommen der hier Genannten.

Keltische Gottheit	Römische Gottheit
Tarannis (Gott des Himmels)	Jupiter
Esus (Gott des Handels und der Wege)	Merkur (selten auch Mars)
Teutates (Gott des Krieges)	Mars (selten auch Merkur)
Cernunnos (Gott der Erde und der Fruchtbarkeit)	Jupiter
Sucellus (Gott des Waldes)	Silvanus
Belenus (Gott des Lichtes)	Apollo
Abnoba/Arduina.(Wald- und Jagdgöttinnen)	Diana
Epona (Göttin der Pferde)	Bellona
Brigantia (Göttin des Bodens, der Flüsse, aber auch des Sieges und der Schlacht)	Victoria

Interpretatio Romana

Als ***Interpretatio Romana*** („römische Übersetzung“) bezeichnet man die römische Sitte, fremde Götter durch Identifikation mit römischen Gottheiten der eigenen Religion einzuverleiben. Dies geschah zunächst mit griechischen Göttern, so wurde z. B. Zeus mit Jupiter identifiziert, später auch mit keltischen, germanischen, ägyptischen oder sonstigen orientalischen

Ein Monolith in Avebury, England. Der gewaltige Steinkreis von Avebury steht Stonehenge in nichts nach und zählt zum Weltkulturerbe der UNESCO.

Gottheiten. Einzig das Judentum entzog sich aufgrund seiner monotheistischen Prägung der ***Interpretatio Romana***.

Diese Methode der Assimilation bzw. aneignenden Integration nichtrömischer Götter trug erheblich zum Religionsfrieden innerhalb des Römischen Reiches bei. Zudem ist sie ein besonders bezeichnender Ausdruck des pragmatischen Umgangs der römischen Eroberer mit kulturellen und religiösen Eigenheiten der unterworfenen Kulturen.

Bei der „Übersetzung" keltischer Gottheiten in die römische Götterwelt kam es aufgrund der Vielgestaltigkeit des keltischen Pantheons mitunter zu Überschneidungen.

Das keltische Jenseits – die Anderswelt

Unsere Kenntnis über die keltischen Vorstellungen eines Jenseits – eines Lebens nach dem Tod – beruht größtenteils auf Quellen von den Britischen Inseln. Zwar ist der Begriff „Anderswelt" eine Übersetzung des lateinischen ***Orbis Alia***, und Caesar begründet den todesverachtenden Mut der keltischen Krieger mit ihrem Glauben an eine Wiedergeburt, doch geben die antiken Autoren nicht besonders erschöpfend Auskunft zu diesem Thema. Die inselkeltischen Bezeichnungen ***Avalon (Inys Afallach, Emain Ablach)*** sind auch Namen von Gottheiten ***(Afallach, Ablach)*** und finden auf dem Festland ihre Entsprechung in der Bezeichnung ***Albion (Abellio)***, was zeigt, dass diese Jenseitsvorstellungen oder zumindest die Namen der keltischen Anderswelt sehr alt sind und Teil der gemeinsamen Vorstellung aller Kelten waren.

Albion und Dumnon

Sehr wahrscheinlich hielten die Kelten des Festlandes und vor der gallo-römischen Epoche die Anderswelt für eine Art von Übergang, eine temporäre Ruhestätte der Verstorbenen, bevor ihre Seelen ausgeruht und frisch wiedergeboren wurden. Die Welt war dabei zweigeteilt in einen hellen oberirdischen Teil ***(Albion)*** und einen dunklen, unterirdischen ***(Dumnon)***. In der Mythologie der Inselkelten ist die Anderswelt ein Totenreich, als paradiesische Insel jenseits des Meeres oder als grünes Land unterhalb der Erdoberfläche geschildert. In diesem paradiesischen Jenseits, so glaubten die Kelten, würden die Körper der Verstorbenen weiterexistieren, befreit von Hunger, Leid, Tod und Krieg. Man pflegte Toten daher Briefe an andere Verstorbene mitzugeben, die Kelten glaubten sogar, Schulden könnten noch im Jenseits beglichen werden. Die Götter luden die Verstorbenen zum Fest in die Anderswelt, daher wurden den Toten Verpflegung und – wenn möglich – auch Geschirr sowohl für den Weg in die Anderswelt als auch für das dortige Gelage mitgegeben. Zudem wurden die Toten festlich gekleidet und, so vorhanden, von ihren Dienern und Tieren begleitet, wie sich archäologisch belegen lässt. Die Verstorbenen gehörten nicht mehr zur Welt der Lebenden, sie „lebten" von nun an wie alles andere Nichtmenschliche (Götter, Feen und Elfen) in der Anderswelt.

In der Antike hielt man Vögel, besonders Geier oder Krähen, für Boten, welche die Seelen der Verstorbenen in die Anderswelt brachten. Jedoch ist archäologisch auch der Glaube an einen Fährmann in das Reich der Toten, ähnlich Charon, belegt, da die Kelten im Alpenraum ihren Verstorbenen eine Münze oder einen Edelstein als „Fährgeld" auf die Zunge legten.

Durchlässige Grenzen

Der Mythologie zufolge wurden im Herbst und im Frühjahr die Grenzen zwischen der Menschen- und der Anderswelt durchlässig. Man konnte von der einen in die andere Welt wechseln, es kam zu Begegnungen, zu Liebschaften, Feiern oder Zweikämpfen zwischen Lebenden und Toten, zwischen Sterblichen und Unsterblichen. Fast alle mythischen keltischen Helden sollen sich zumindest einmal in der Anderswelt aufgehalten haben, oft dort sogar erzogen oder ausgebildet worden sein ***(Cuchulínn, Diarmaid, Artus, Lancelot)***. Höhlen, Seen oder Quellen galten als Zugang zur Anderswelt, mitunter sollen aber auch ein Windhauch oder ein Nebel genügt haben, um von der einen Welt in die andere zu wechseln. Megalithen, Inseln und abgelegene Täler waren Orte, an denen Sterbliche Bewohnern der Anderswelt begegneten, mitunter jedoch holen diese die Sterblichen auch direkt aus deren Behausungen ab.

Keltische Feste und Bräuche

Da die keltische Gesellschaft agrarisch orientiert war, waren die Jahreszeiten und deren Wechsel von großer Bedeutung. Die wichtigsten Feste lagen daher an den Übergängen zwischen Jahreszeiten. Am 1. Mai feierten die Kelten das ***Beltane***-Fest, am 1. November das ***Samhain***-Fest. Von etwas geringerer Bedeutung waren das Frühjahrs- und das Herbstanfangsfest ***Imbolc*** (1. Februar) bzw. ***Lugnasa*** (1. August). Vieles aus den Bräuchen der Kelten wurde im Zuge der Christianisierung in der einen oder anderen Form in das christliche Jahr übernommen.

Diese vier Feste teilten das Jahr in vier Abschnitte zu jeweils drei Monaten und richteten sich nach dem Ackerbaujahr. Zudem vermittelten die Feste die mythologische Botschaft, dass

Auch heute wird Beltane noch gefeiert.

Neuheidnische Beltane-Feier in Edinburgh, Schottland.

das Leben aus dem Tod und das Licht aus dem Dunkel entstand. Die ewige Wiederkehr von Gedeihen und Verderben, Aufleben und Absterben vollzogen die Kelten in ihren Jahreszeitfesten nach und feierten damit zugleich die unterschiedlichen Phasen des menschlichen Lebens: Kindheit, Jugend, Reife und Alter. Sie taten dies wohl in der Gewissheit, dass auf das Dunkel des Todes wieder das Licht der Geburt folgen werde. Besonders wichtig bei diesen Jahreszeitenfesten waren die vorhergehenden Nächte. Denn in diesen vier Nächten waren die Grenzen zwischen dieser Welt und der Anderswelt durchlässig. Daher mussten Druiden besondere Schutzrituale ausführen.

Die Jahreseitenfeste

Das erste Fest, ***Samhain*** (von ***Sam-Fuin*** = Sommers Ende), kennzeichnete das Ende des Sommerhalbjahres und den Beginn der Winternacht. Der schwere, gefährliche Teil des Jahres stand nun bevor. Daher versuchte man, die Zukunft durch Weissagungen in Erfahrung zu bringen, ein Brauch, der auch heute noch in Ritualen wie unserem Bleigießen weiterlebt. Um sich

Keltisch	Christlich	Datum	Anlass
Imbole	Mariä Lichtmess	01. Februar	Frühlingsbeginn
Betane	Walpurgisnacht, Maifeiertag (Maibaum)	01. Mai	Sommeranfang
Lugnasa	Mariä Himmelfahrt, Lammas	01. August	Herbstbeginn, Ernte
Samhain	Allerheiligen, Halloween	01. November	Winteranfang, Neujahr
Yule	Weihnachten	21. – 25. Dezember	Wintersonnenwende, Neujahr
Ostara	Ostern	21. März	Tagundnachtgleiche
Litha	Johannisfeuer	21. Juni	Sommersonnenwende
Mabon	Erntedank	21. September	Tagundnachtgleiche

in der Nacht vor ***Samhain*** vor Geistern oder Verstorbenen aus der Anderswelt zu schützen, wurden am Abend Feuer entzündet. Die gefürchteten Verstorbenen, Geister und Dämonen wurden in Verkleidung bei Umzügen dargestellt und sollten so gebannt werden. Dieses Ritual lebt heute noch als ***Halloween*** fort. Sollte dennoch ein Besucher aus der Anderswelt vorbeischauen, wurde vorsorglich das Haus geputzt sowie Essen und Getränke bereit gestellt, bevor man sich schlafen legte. Man wollte die Toten ehrenvoll empfangen, jede Begegnung mit ihnen jedoch vermeiden.

Das nächste Fest ist ***Imbolc***, das Fest des Frühlingsbeginns. Es wurde zu Ehren der Göttin ***Brigit*** und in christlicher Zeit dann als St. Brigittes Geburtstag gefeiert. ***Imbolc*** ist das Fest des Lichtes aus Freude über die wieder länger werdenden Tage.

Das ***Beltane***-Fest ist ebenfalls ein Lichtfest (***bel*** = hell, glänzend; ***tine*** = Feuer). Man feiert den Beginn der Sommerzeit, der angenehmen, leichten Zeit des Jahres. Wie zu ***Samhain*** wurden auch am Vorabend zu ***Beltane*** Feuer zum Schutz vor Besuchern aus der Anderswelt entzündet. Zusätzlich sollten Ebereschenzweige im Haus Schutz bieten. Grundsätzlich war ***Beltane*** das Fest allen Neubeginns und Anfangs, da die großen Versammlungen der Stämme, bei denen Streit geschlichtet, Recht gesprochen und Dienst- und Heiratsverträge geregelt wurden, an diesem Tag stattfanden.

Das letzte Fest im Lauf der Jahreszeiten war ***Lugnasa***, der Herbstanfang und zugleich ein Erntefest. An ***Lugnasa*** starb symbolisch die Muttergöttin in der Gestalt des Getreides, um ihre Nachkommen zu ernähren. Im Gegensatz zum heutigen Erntedankfest fand ***Lugnasa*** allerdings vor der Ernte statt, um zugleich den Schutz der Göttin gegen die Unbilden des Wetters und Ernteausfälle zu erbitten. Um die spätsommerliche Sonne gnädig zu stimmen, gehörten zu den Riten auch nächtliche Bergbesteigungen, um der Sonne beim Aufgang möglichst nahe zu sein. Auch dieser Brauch lebt in der christlichen Tradition fort: als Morgenmesse auf dem Berggipfel.

Auch die Wintersonnen- und Sommersondenwende *(**Yule** bzw. **Litha**)* sowie die Tagundnachtgleiche in Herbst und Frühjahr *(**Mabon** bzw. **Ostara**)* wurden von den Kelten gefeiert, doch weit weniger intensiv als die vier großen jahreszeitlichen Feste.

Kulte

Sowohl die Kelten des Festlandes als auch die Kelten der Britischen Inseln huldigten einem regelrechten Kopfkult. Sie sahen den Kopf eines Menschen als Sitz seiner Seele an. Erst der Kopf machte den Menschen nach keltischem Glauben zu einem Individuum und war Sitz seines Mutes, seiner Stärke und seiner Lebenskraft. Diese Vorstellungen lassen sich auch archäologisch belegen, denn es ist eine überproportional große Anzahl an Kopfdarstellungen in Stein, Holz, Metall, Bein und anderen Materialien aus keltischer Zeit vorhanden. Des Weiteren fanden sich gehäuft Gräber mit überzähligen Schädeln, während andere schädellose Skelette enthielten. Bisweilen wurden daneben auch nur Schädel beigesetzt.

Eine Statue des heiligen Patrick in Irland. Er drohte denjenigen, die den Himmelskörpern huldigten, mit ewiger Verdammnis.

Auch antike Autoren, z. B. Strabon und Diodor, berichten über die Bedeutung des Kopfes in der keltischen Vorstellungswelt. Beide berichten übereinstimmend davon, dass die Schädel vornehmer Verstorbener mit Zedernöl einbalsamiert und in Kästchen generationenlang aufbewahrt wurden. Zudem gibt es Berichte darüber, dass keltische Krieger ihren erschlagenen Feinden die Köpfe abtrennten, was zum einen sicher eine Art von Trophäe darstellte, zum anderen aber wohl auch dazu diente, sich die Stärke des Gegners anzueignen. Irische Sagen berichten von regelrechten Kopfjägern, die in den Kampf zogen, um „Köpfe zu ernten", welche sie auf Stöcken befestigten, auf dem Streitwagen umherfuhren oder am Gürtel trugen. Letzteres ist sogar durch Darstellungen belegt. Aufgrund der besonderen Wertschätzung und der ihnen zugesprochenen, bzw. innewohnenden Macht wurden aus Schädeln sogar Kultgegenstände gefertigt, vor allem Trinkgefäße. Die besten Köpfe wurden dabei den Tempeln zuteil, wo sie in Nischen ausgestellt wurden.

Tierkult

Eine weitere Kultform der Kelten war der Tierkult, der jedoch bei weitem nicht so stark ausgeprägt war wie der Schädelkult. Es gibt Vermutungen, dass jeder Stamm sein eigenes Totemtier besaß, allerdings hat sich dies bisher nicht belegen lassen. Dass in verschiedenen Regionen bestimmte Tiere kultisch verehrt wurden, ist wahrscheinlich auf den örtlich besonders geschätzten Gott und sein jeweiliges Symboltier zurückzuführen. Daneben dienten besonders wehrhafte Tiere natürlich wie in vielen Kulturen als Symbol der Stärke und des Mutes und damit als Vorbild für Krieger. Bestimmte Tiere, z. B. Schwäne, gelten auch als Erscheinungsform von Elfen und weiteren Wesen der Anderswelt, weshalb ihnen kein Leid geschehen darf.

Sonnenkult

Die Anbetung der Sonnengottheiten bei den Kelten wurde bereits erwähnt, doch scheint es so, dass die auch die Sonne selbst, ohne den Umweg über einen Gott, kultisch verehrt wurde. Auf die Bedeutung der Sonnengottheiten ist schon hingewiesen worden. Darauf deuten zum einen die zahlreichen Fundstücke hin, welche die Sonnenscheibe darstellen oder auf sie Bezug nehmen, wie etwa vergoldete Prunkwagen, zum anderen jedoch auch christliche Quellen. In seiner ***Confessio*** betont der heilige Patrick, dass er im Gegensatz zu den Iren an die wahre Sonne – nach seinem Verständnis Jesus Christus – glaubte. Er droht denjenigen, welche den Himmelskörpern huldigen, mit ewiger Verdammnis.

In den irischen Mythen finden sich ebenfalls Passagen, die einen solchen Kult zu bestätigen scheinen. Mythische Helden wie Cuchulínn oder König Loegaire von Tara legten Eide bei den Gestirnen ab, was die Vermutung nährt, dass die Himmelskörper kultisch verehrt wurden.

DEN DRUIDEN AUF DER SPUR

Nach dem Lesen der ersten beiden Kapitel überrascht es sicherlich kaum, wenn man feststellen muss, dass oftmals weder die antiken noch die mittelalterlichen Quellen bezüglich der Druiden eindeutig sind.

Woher stammt das Wort „Druide"?

Schon die Herkunft des Wortes „Druide" selbst ist unter Wissenschaftlern umstritten. Lange Zeit hielt sich die Ansicht, „Druide" leite sich von dem griechischen Wort ***drys*** (Eiche) ab, wie dies bei Plinius dem Älteren zu lesen ist. Plinius, dessen Faszination für Naturphänomene dazu beitrug, dass er 79 n. Chr. beim Ausbruch des Vesuvs getötet wurde, beschrieb, wie weiß gewandete Druiden am sechsten Tag des Mondzyklus mit einer goldenen Sichel Mistelzweige von einer Eiche herunterschnitten. Plinius zufolge seien die Eichen den Druiden heilig, daher leite sich ihr Name von diesem Baum ab. Noch heute findet sich dieser Erklärungsansatz, so auch bei Professor Alexander Demandt in seinem Buch „Die Kelten". Doch warum sollte ein griechisches Wort Ursprung für die Bezeichnung einer keltischen Priesterklasse sein? Dies erscheint recht weit hergeholt, die wahre Herkunft des Begriffes dürfte woanders ligen.

Zunächst ist allerdings auch festzustellen, dass der Begriff „Druide" sich vom bei Caesar erwähnten ***druides*** und dem irischen ***druid*** herleitet – wie die keltischen Druiden sich selbst genau nannten, ist schlicht unbekannt. Geht man von diesen Begriffen aus, wie Jean Markale in seinem Standardwerk „Die Druiden" dies tut, kann man sie auf das alte keltische Wort ***druwides*** zurückführen das aus zwei Bedeutungssegmenten besteht. Der erste Teil, ***dru***, ist ein Verstärkungswort, das so viel wie „sehr viel" oder „äußerst viel" bedeutet und sich auch im heutigen französischen Adjektiv ***dru*** (dicht, kräftig, prall, viel) widerspiegelt. Mitunter findet sich jedoch in der Literatur auch eine Bezugnahme auf das indogermanische Wort ***dru***, das wie das griechische ***drys*** wiederum Eiche bedeutet. Den zweiten Teil des Begriffes, ***wides***, leitet Markale von der indogermanischen Wurzel ***wid/weid*** des lateinischen ***videre*** (sehen, wissen) ab. Die indogermanische Wurzel ***wid/weid*** findet sich auch im griechischen ***eidon*** (ich erblickte/erkannte) und letztlich auch im deutschen „wissen". Ein Druide wäre demnach ein besonders weit Sehender oder besonders viel Wissender, was – nach allem, das wir wissen – schlüssig erscheint. Auch das walisische Wort ***dryw*** (Zauberer, Seher) bestätigt dies.

Die ersten Druiden

Noch wesentlich unklarer als die Herkunft des Wortes „Druide" ist der Ursprung der Druiden als Klasse innerhalb der keltischen Gesellschaft überhaupt. Zwar wissen wir dank der antiken Autoren einiges über die Stellung der Druiden innerhalb des keltischen Gemeinwesens, doch all diese bereits erwähnten Autoren schrieben im ersten vorchristlichen Jahrhundert oder später. Einen indirekten Hinweis auf die Existenz der Druiden erhalten wir erst bei Ammianus Marcellianus, der im späten 4. Jahrhundert n. Chr. Timagenes von Alexandria zitiert, welcher im 1. Jahrhundert v. Chr. berichtete, dass der griechische Philosoph und Mathematiker Pythagoras von Samos (ca. 570–500 v. Chr.) das Wissen der Druiden sehr schätzte. Daraus kann man schließen, dass es also bereits im 6. Jahrhundert v. Chr. Druiden gab. Vor dieser Zeit jedoch gibt es nicht einmal Anzeichen für die Existenz der Druiden, obwohl ihre herausragende Stellung innerhalb der keltischen Gesellschaft sich nicht über Nacht entwickelt haben

Ein Dolmengrab im Baskenland.

dürfte. Es ist anzunehmen, dass sich die Druiden aus den Priestern bzw. Schamanen der vorkeltischen Bevölkerung entwickelt haben, doch wie und wann genau dies geschah, ist und bleibt ein Rätsel. Die Wissenschaft ist ja aufgrund der Quellenlage noch nicht einmal in der Lage zu belegen, ob es Druiden im gesamten keltischen Kulturraum gab, denn eindeutige schriftliche Zeugnisse liegen allein für den Raum nördlich der Alpen, sprich das heutige Süddeutschland bis in das heutige Frankreich und die Britischen Inseln, vor. Einzig für die ***Galater*** Kleinasiens gibt es indirekte Hinweise auf eine ähnliche Priesterelite wie im Westen der keltischen Welt, denn dort – so wird von Strabon berichtet – gab es den heiligen Eichenhain ***Drunemeton.*** An diesem Ort, so heißt es, versammelten sich die Mitglieder der wissenden Gesellschaft. Doch fällt bei Strabon in diesem Zusammenhang nicht die Bezeichnung „Druide". Dennoch liegt es nun nahe anzunehmen, dass es Druiden nicht nur in Gallien, sondern auch in Kleinasien gab und daher wohl auch bei allen anderen keltischen Stämmen. Doch letztlich fehlt eben ein Beleg durch antike Quellen oder archäologische Befunde. Selbst wenn dem so wäre, wäre die Wissenschaft nicht in der Lage zu sagen, ob es Unterschiede oder Gemeinsamkeiten zwischen diesen räumlich weit voneinander entfernten Druidengruppen gegeben hätte. Die einzige schriftlich belegte Quelle zum räumlichen Ursprung des Druidentums ist Caesar, der im sechsten Buch des „Bellum Gallicum" berichtete: ***„Es wird geglaubt, dass sich die Lehre in Britannien entwickelt hat und nach Gallien überliefert wurde, und dass auch heute noch ein jeder, welcher diese Lehre sorgfältiger kennenlernen wolle, dorthin reisen müsse."***

Druiden, Barden und Vaten

In den Abschnitten 13 und 14 des sechsten Buches seines „De bello Gallico" beschäftigte Caesar sich ausführlich mit den Druiden, schildert deren Stellung in der Gesellschaft, ihre Rollen und Aufgaben sowie ihre Ausbildung: ***„Den Druiden obliegen die Angelegenheiten des Kultus, sie richten die öffentlichen und privaten Opfer aus und interpretieren die religiösen Vorschriften. Eine große Zahl von jungen Männern sammelt sich bei ihnen zum Unterricht, und sie stehen bei den Galliern in großen Ehren. Denn sie entscheiden in der Regel in allen staatlichen und privaten Streitfällen. Wenn ein Verbrechen begangen wurde oder ein Mord geschehen ist, wenn der Streit um Erbschaften oder den Verlauf einer Grenze geht, fällen sie auch hier das Urteil und setzen Belohnungen und Strafen fest. (...) Sie stellen außerdem häufige Erörterungen an über die Gestirne und ihre Bahn, über die Größe der Welt und des Erdkreises, über die Natur der Dinge, über die Macht und Gewalt der unsterblichen Götter und vermitteln dies alles der Jugend."*** Caesar weist den Druiden also Aufgaben als Priester (unter Einschluss von Opferungen), Richter, Lehrer, Hüter überkommenen Wissens und Naturbeobachter, ja sogar als Naturwissenschaftler zu.

Diodor von Sizilien und Strabon unterscheiden innerhalb der keltischen Priesterklasse neben Druiden noch Barden und Vaten. Die Barden, so heißt es bei Diodor, hielten Lobreden, verfassten Satiren und sangen Hymnen, wobei sie sich selbst auf der Leier begleiteten. Laut Diodor traten Barden ebenfalls als Richter auf, während sich die Vaten mit Hellsehen und Wahrsagerei sowie der Durchführung der öffentlichen und privaten Opfer beschäftigten. Die Vaten, so Diodor, besaßen eine große Autorität und hielten die gesamte Bevölkerung mittels ihrer Zukunftsdeutung in Abhängigkeit. Ihre Weissagungen beruhten auf der Beobachtung des Vogelflugs, der Eingeweideschau geopferter Tiere sowie auf Menschenopfern. Die Druiden selbst bezeichnet Diodor als Theologen und Philosophen, denen höchste Ehren zuteil wurden. Sie überwachten die Opferungen und waren Mittler zwischen den Menschen und den Göttern.

Strabon berichtet, die Barden seien Sänger und Poeten gewesen, während die Vaten Opfer durchführten und für die Interpretation von Naturerscheinungen zuständig waren. Die Druiden, so Strabon, studierten die Naturwissenschaften und die Moral sowie die Philosophie.

Die irischen Filidh

In Irland entsprachen den Vaten die Filidh, die in christlicher Zeit die Aufgaben und Rechte der Druiden übernahmen, insofern dies mit dem Christentum vereinbar war. Markale unterscheidet verschiedene Typen der Filidh, darunter den Sencha als den Kundigen der Geschichte und Zuständigen für das Heldenlob, den Brithem als Gesetzgeber, Richter und Botschafter, den Scelaige, der mit den Epen und Mythen betraut war, und den Liaig, einen pflanzenkundigen Arzt. Daneben nennt er den Harfenspieler Cruitire, den Deogbaire, der mit berauschenden Substanzen und Flüssigkeiten umging, sowie Cainte und Gutuater, die magischen Gesang und das Sprechen von Fluch- und Segenswünschen zur Aufgabe hatten. Allerdings ist Markales Klassifizierung der Filidh nicht unumstritten.

Caesar	**Druiden:** Religion/Priester (inklusive Opferungen), Recht, Lehrer, Hüter überlieferten Wissens, Naturbeobachter und Wissenschaftler
Diodor	**Druiden:** Religion/Theologe, Philosoph **Barden:** Hymnen, Lobreden, Satiren, Richter **Vaten:** Hellseher, Wahrsager, Opferungen
Strabon	**Druiden:** Naturbeobachter und Wissenschaftler, Philosoph, Recht **Barden:** Gesang, Poesie **Vaten:** Opferungen, Interpretation von Naturerscheinungen

Vollmer („Mythologie aller Völker“) nimmt eine hierarchische Einteilung der drei Gruppen vor. Demnach bekleideten die Barden den untersten Rang, während die Vaten eine Art von Vermittlerrolle zwischen dem einfachen Volk und den Druiden innegehabt haben sollen. Den Vaten soll die Aufgabe der tagtäglichen Religionsausübung und Routinen zugefallen sein. Die Druiden hingegen sollen sich, ihrer Stellung und ihres enormen Wissens wegen, eher mit elitären, philosophischen Dingen beschäftigt haben. Ähnlich wie bei Markales Einteilung der irischen Filidh ist aber auch diese hierarchische Abstufung nicht allgemein anerkannt.

Unbestritten ist jedoch, dass es eine hierarchische Ordnung innerhalb der Druiden – zumindest derer Galliens – gab. Caesar berichtet darüber wie folgt: ***„An der Spitze aller Druiden steht ein Mann, der den höchsten Einfluss unter ihnen genießt. Stirbt er, so folgt ihm***

entweder der nach, der unter den Übrigen das höchste Ansehen besitzt, oder aber sein Nachfolger wird von den Druiden gewählt, wenn mehrere gleich hohes Ansehen besitzen. Nicht selten wird dann jedoch auch mit Waffen um die leitende Stelle gekämpft." (De bello Gallico VI, 13) Der ranghöchste Druide wurde also auf unterschiedlichen Wegen bestimmt. Neben dem Ansehen einer Person, das ihr Autorität verschaffte, konnte auch eine Wahl zur Bestimmung des „Oberdruiden" führen.

Entgegen aristokratischen Gepflogenheiten gab es also keine automatische Nachfolgeregelung oder gar eine Erbfolge, sondern eine „demokratische" Regelung, die jedoch mitunter zu Streitigkeiten führen konnte.

Die drei Klassen der Priesterschaft

Halten wir also fest: Unter der Führung eines ranghöchsten „Erz- oder Oberdruiden" ist die keltische Priesterschaft in drei Klassen aufgeteilt. Neben der untersten Rangstufe, den Barden, die wohl vor allem für den Vortrag von Gesängen, Poesie und Gebeten sowie für die Musik zuständig waren, gab es die Vaten und die eigentlichen Druiden. Die Vaten scheinen die Seher und Weissager sowie die eigentlichen Ausführenden bei Opferhandlungen gewesen zu sein. Bei Opfern musste jedoch wohl ein Vertreter der höchsten und gelehrtesten Klasse – ein Druide – anwesend sein. Als „Wissender" hatte dieser mehrere Stufen der Initiation hinter sich und sprach, zumindest im Verständnis der Kelten, die Sprache der Götter. Er war also der eigentliche Mittler zwischen den Göttern und den Menschen.

Trotz der unterschiedlichen Aufgaben und Abstufungen der Initiation in die Lehren der Druiden geht man davon aus, dass die Ausbildung aller drei Klassen des Druidentums gemeinsam erfolgte und sich nur in der Dauer unterschied.

Ausbildung

Über den Weg, den ein junger Kelte zurücklegen musste, um schließlich Druide zu werden, ist recht wenig bekannt. Zwar kennen wir die Anzahl der Jahre des Studiums, die nötig waren, um ein wahrer Druide zu werden (20!), und können vage beschreiben, was und in welcher Form von den Adepten zu lernen war, der genaue Inhalt der druidischen Lehren bleibt jedoch ein Geheimnis.

Zwanzig lange Jahre

Zur Ausbildung künftiger Druiden heißt es bei Caesar: ***„Eine große Zahl von jungen Männern sammelt sich bei ihnen zum Unterricht.***" (De bello Gallico VI, 13), wobei diese Textstelle allerdings offen lässt, ob diese jungen Männer sich dem Studium druidischer Lehren widmeten oder nur allgemein unterrichtet wurden. Deutlicher wird Caesar an anderer Stelle: ***„Die Druiden nehmen in der Regel nicht am Krieg teil und zahlen auch nicht wie die Übrigen Steuern. Sie leisten keinen Kriegsdienst und sind auf jedem Gebiet von der Abgabepflicht ausgenommen. Diese großen Vergünstigungen veranlassen viele, sich aus freien Stücken in ihre Lehre einweihen zu lassen, oder ihre Eltern und Verwandten schicken sie zu den Druiden. Wie es heißt, lernen sie dort eine große Zahl von Versen auswendig. Daher bleiben einige 20 Jahre lang im Unterricht. Sie halten es für Frevel, diese Verse aufzuschreiben, während sie in fast allen übrigen Dingen im öffent-***

So stellen wir uns gemeinhin einen Druiden vor.
Wie sie wirklich aussahen, wissen wir nicht.

lichen und privaten Bereich die griechische Schrift benutzen. Wie mir scheint, haben sie das aus zwei Gründen so geregelt: Einmal wollen sie nicht, dass ihre Lehre allgemein bekannt wird, zum anderen wollen sie verhindern, dass die Lernenden sich auf das Geschriebene verlassen und ihr Gedächtnis weniger üben. Denn in der Regel geschieht es, dass die meisten im Vertrauen auf Geschriebenes in der Genauigkeit beim Auswendiglernen und in ihrer Gedächtnisleistung nachlassen." (De bello Gallico VI, 14).

Offenbar war es also bei vielen jungen Männern, die Druide werden wollten, weniger Religiosität oder intellektuelles Interesse, das sie dazu bewog, sich einer 20-jährigen Ausbildung zu unterziehen, sondern Privilegien wie Befreiung von lästigen Pflichten wie Steuern und Kriegsdienst. Zudem spielte sicher auch das hohe gesellschaftliche Ansehen der Druiden eine Rolle bei dem Wunsch, in ihren Kreis aufgenommen zu werden. All diese Gründe für eine

Der Zugang zu einem Grabhügel in Irland.

„Berufswahl", erscheinen doch recht modern. Auch vor über 2.000 Jahren war die Motivation, einen bestimmten „Beruf" zu ergreifen, zumindest in einigen gesellschaftlichen Schichten wohl kaum anders als heute.

Da die Druiden ihre Lehre nur einem bestimmten eingeweihten Kreis zugänglich machen wollten und dieser Kreis zudem sein Gedächtnis in Übung halten sollte, wurde das Wissen in mündlicher Form weitergegeben. Dies diente zugleich dem Machterhalt der Druiden, die wegen ihrer Kenntnisse hohen Einfluss in allen Bereichen der Gesellschaft besaßen.

Die Druiden waren nicht nur Hüter ihres eigenen überkommenen Wissens, sondern auch die Überlieferer der keltischen Traditionen und Historie im Allgemeinen. Wir gehen heute unter Berufung auf alte irische Epen davon aus, dass die Druiden ihr Wissen in Versform vermittelt haben. Zwar erleichtert die Versform das Auswendiglernen großer Textmengen, allerdings sind die bereits erwähnten irischen Epen nur schwer verständlich in archaischen Formulierungen gehalten und wurden wahrscheinlich nicht von jedermann verstanden. Auch dies kann man als Schutzmaßnahme werten, das druidische Wissen nicht allgemein kundzutun.

92 Prozent fielen durch

Makale führt dazu das Epos *Tain Bô Cualgne* an, dort heißt es: ***„Der Druide Cathbad unterrichtete seine Schüler im Nordosten von Emain. Er war von hundert tollkühnen Männern umgeben, die sich die Lehren des Druidentums aneignen wollten. Acht von ihnen waren fähig dazu.“*** (Die Druiden, S. 54). Eine „Durchfallquote“ von 92 Prozent unterstreicht, dass es wohl tatsächlich in den meisten Fällen nicht Berufung war, die junge Männer bewog, sich zum Druiden ausbilden lassen zu wollen, und des Weiteren, dass die Masse und Unverständlichkeit des zu lernenden Textes durchschnittliche Geister überforderte. Die Rätselhaftigkeit der Verse mag auch ein nachträgliches Auswahlkriterium gewesen sein, um den Zugang zur Klasse der Druiden zu beschränken und zu steuern.

Die Druiden überlieferten ihr Wissen in Form von Erzählungen, in denen Geschichte, Theologie, Philosophie, Mythologie, Recht, Traditionen und Weissagungen miteinander verquickt waren. Auch Grammatik, Geografie, Astronomie, Heilkunde und Weissagung waren Teil des zu lernenden Stoffes. Caesar zufolge diente der Unterricht der Kenntnis der Götter, der Geschichte und der Natur. Diogenes Laertius dagegen beschreibt in seinem Werk über die Geschichte der Philosophie um 220 n. Chr., dass die Druiden vor allem Folgendes lernten: ***„... die Götter ehren, nichts Böses tun und sich der Tapferkeit befleißigen.“*** (Leben und Meinungen berühmter Philosophen I, Prooemium, 6). Alles in allem also ein recht umfangreiches Curriculum, das eine 20-jährige Ausbildung wohl rechtfertigt. Doch legten nicht nur die Druiden großen Wert auf die Schulung des Gedächtnisses ihrer Zöglinge, auch im antiken Griechenland und Rom gehörte dies zur Standaderziehung. Für Schüler der Rhetorik war es üblich, die Reden großer Vorbilder auswendig zu lernen

Um in die Geheimnisse der druidischen Lehren eingeweiht zu werden, bedurfte es also dieser langen Ausbildung, die jedoch bei Weitem nicht alle Lernenden erfolgreich abschlossen. Wie hoch das Mindestalter der Adepten zu sein hatte oder wie genau die Kriterien zur Auswahl der Druidenschüler aussah, ist jedoch nicht klar. Zwar liest man in der neodruidischen, teils recht esoterischen Literatur, dass die Druiden die fähigsten und klügsten Köpfe der Bevölkerung ohne Ansehen von Stand oder Geschlecht aussuchten, doch lässt sich diese modern und demokratisch anmutende Vorstellung historisch nicht untermauern.

Eine streng hierarchische Gesellschaft

Die keltische Gesellschaft war streng hierarchisch gegliedert. In ihr lebten die einfachen Bauern in großer Abhängigkeit, ja fast in einem sklavenartigen Verhältnis gegenüber den Adligen. Dazu Caesar: ***„In ganz Gallien gibt es nur zwei Klassen von Männern, die an einigermaßen hervorragender und ehrenvoller Stelle stehen. Denn die untere Volksschicht wird fast wie Sklaven behandelt; sie wagt nicht, selbstständig zu handeln, und wird zu keiner Beratung hinzugezogen. Da die meisten unter dem Druck von Schulden oder hohen Steuern leben oder aber durch rechtswidriges Verhalten der Mächtigen bedrängt werden, begeben sie sich in die Sklaverei. Die Adligen besitzen ihnen gegenüber alle Rechte, die ein Herr seinen Sklaven gegenüber hat.“*** (De bello Gallico VI, 13)

Daher fällt es schwer, sich vorzustellen, dass dem Sohn eines armen Bauern problemlos eine Ausbildung zum Druiden und damit ein Aufstieg in die angesehene und mächtigste Klasse der Kelten gelingen könnte.

Dies mag es in Ausnahmefällen gegeben haben, doch dürften die Adepten der druidischen Lehren vor allem aus dem Adel gekommen sein, wie dies auch bei Pomponius Mela zu lesen ist. Doch nicht nur dieser antike Autor, sondern auch Sylvia und Paul F. Botheroyd ***(Keltische Mythologie von A bis Z)*** vertreten diese Ansicht.

Beschäftigt man sich mit der Motivation bzw. der Herkunft zukünftiger Druiden, drängen sich Analogien zur mittelalterlichen katholischen Kirche geradezu zwangsläufig auf, deren hohe Würdenträger ja auch nicht aus dem Bauernstand, sondern aus dem Adel stammten. Vielleicht wurde derjenige Druide, der sich weniger zum Kriegshandwerk und den politischen Ränkespielen, sondern mehr zu Geistigem und zu intellektuellen Dingen hingezogen fühlte? Ähnlich den christlichen Mönchen des Mittelalters, die ja bekannterweise oftmals nicht aus religiösen Gründen in ein Kloster eintraten, sondern weil dies der einzige Ort war, an dem man lernen, sich intellektuellen Interessen widmen und schreiben konnte. Natürlich spielten im Mittelalter auch der Versorgungsaspekt und die Flucht vor einer gewalttätigen, unsicheren Welt eine gewichtige Rolle, doch vielleicht war dies bei den Druiden nicht anders. Die Versorgung mit materiellen Gütern zumindest scheint für die Druiden wegen ihrer hohen Stellung innerhalb der keltischen Gesellschaft kein Problem gewesen zu sein. Aber auch diese Analogie bleibt, wie so vieles, was dieses Thema betrifft, Spekulation.

Zumindest etwas Genaueres weiß man jedoch über den Ort, an dem Druidenschüler unterrichtet wurden. Tacitus (ca. 55–115 n. Chr.) berichtet über eine keltische Schule in Bribracte, Burgund, von der mitunter angenommen wird, sie könne eine Druiden-Akademie gewesen sein. Pomponius Mela, von dem wir ja bereits hörten, ein antiker Geograf, verfasste in den Jahren 43–44 n. Chr., also rund 90 Jahre nach Caesar, eine Beschreibung der seinerzeit bekannten geografischen Welt, in der es heißt: ***„Sie haben … Weisheitslehrer, welche Druiden heißen … und zwanzig Jahre lang die Adligen Galliens in vielen Dingen im Verborgenen unterweisen; das geschieht entweder in Höhlen oder in verborgenen Wäldern.“*** (De Choregraphica libri tres, III, 2, 18).

Die größte Druidenschule

Ob der Unterricht an diesen zurückgezogenen und abgelegenen Orten allerdings eine Reaktion auf die römische Besetzung oder typisch für die Druiden war, ist unklar. Es spricht jedoch einiges dafür, dass es eine Reaktion auf die römische Eroberung Galliens war. Wie bereits erwähnt, sollen laut Caesar die Britischen Inseln der Geburtsort der druidischen Lehren gewesen sein. Es überrascht daher nicht, dass sich auf der Insel Môn (heute: Anglesey) vor der Nordwestküste von Wales das größte bekannte Ausbildungszentrum für Druiden befand.

Da sich die Druiden jedoch der Romanisierung widersetzten und verschiedentlich Aufstände gegen die Besatzer unterstützten, hatten sie sich den Zorn der römischen Kaiser zugezogen. Bereits Augustus hatte römischen Bürgern verboten, sich zu Druiden ausbilden zu lassen, Tiberius verschärfte dieses Verbot, und Claudius untersagte – allerdings ohne große Wirkung – endgültig die Ausübung der druidischen Lehren. Auf Anglesey befand sich nicht nur ein geistiges Zentrum der Druiden, sondern die Insel verfügte auch über reiche Kupfer- und Bleivorkommen. Zudem diente sie als Umschlagplatz des irischen Goldes aus den Wicklow Mountains. Mit diesem Gold und den Erträgen der Erzminen wurden unter anderem die Aufständischen der Boudicca-Revolte unterstützt (Boudicca, die Witwe des Königs der Icener, eines keltischen Stammes aus dem Gebiet des heutigen East Anglia, stand in den Jahren 60–61 n. Chr. an der Spitze einer Erhebung gegen die römischen Besatzer). Kaiser Nero ließ daher im Jahr 61 n. Chr. seinen Feldherrn Gaius Suetonius Paulinus, zugleich Statthalter des römischen Britanniens, das Heiligtum auf Anglesey zerstören, um den Widerstand der keltischen Bevölkerung zu brechen.

Vollmer ***(Mythologie aller Völker)*** beschreibt die Geschehnisse frei nach Tacitus folgendermaßen: ***„Als die Römer sich anschickten zu landen, sahen sie am Ufer einen Wald von Waffen und Kriegern. In den Reihen liefen Weiber mit aufgelösten Haaren, Fackeln in der Hand, Furien gleich. Ringsherum standen die Druiden, welche mit stolzer, unbeweglicher Haltung und zum Himmel erhobenen Armen mit Feierlichkeit schreckliche Verwünschungen aussprachen. Zuerst von Schrecken ergriffen, ermunterten sich die Römer wieder bei der Stimme ihrer Anführer und überwältigten die Kelten. Druiden, Priesterinnen, Krieger, alles wurde niedergemacht oder verbrannt.“***

Die Rolle in der keltischen Gesellschaftsordnung

Wie wir im vorhergehenden Abschnitt bereits gesehen haben, nahmen die Druiden innerhalb der keltischen Gesellschaft eine besondere Rolle ein. Nicht nur, dass sie von Abgaben und dem Kriegsdienst befreit waren, sie gehörten auch zu den angesehensten Mitgliedern des Gemeinwesens. Ihre Rolle gewinnt weiter an Bedeutung, wenn man sich vor Augen führt, dass zwischen Religion und Politik in der keltischen Gesellschaft eine enge Verbindung bestand, deren Brennpunkt die Druiden darstellten. Zwischen den Druiden und den Herrschenden bestand sogar eine sehr enge Verbindung, und mitunter scheint es fast so, als wären die Druiden der stärkere Teil von ihr gewesen.

Mittler zwischen Göttern und Sterblichen

Da die keltische Gesellschaft keine Trennung zwischen sakralen und profanen Angelegenheiten kannte, spielte der Wille der Götter – und damit auch die Druiden – bei jeder Entscheidung eine wichtige Rolle. Denn die Druiden als Mittler zwischen Göttern und Sterblichen waren diejenigen, welche den Willen der Götter kannten und kundtaten. Der Herrscher konnte nach keltischem Verständnis nur dann ein erfolgreich sein, wenn er die Pläne der Götter verwirklichte, wofür er den Rat und den Beistand der Druiden brauchte. So erscheint es mitunter, als sei der eigentliche Herrscher nicht der Stammesfürst, sondern ein Druide, bzw. eine Gruppe von Druiden gewesen. Markale führt dazu eine Textstelle aus der irischen Erzählung vom ***Rausch der Ulates*** an, in der es heißt: ***„Die Ulates durften nicht sprechen, bevor der König das Wort ergriffen hatte, und der König durfte nicht sprechen, bevor die Druiden das Wort ergriffen hatten.“*** (Markale, Die Druiden, S. 41)

Dion von Chrysostomos (ca. 40–120 n. Chr.) weiß Ähnliches zu berichten: ***„Die Kelten nannten ihre Priester Druiden, sie beherrschten die Kunst des Weissagens und jede andere Wissenschaft; ohne ihre Zustimmung durfte der König weder handeln noch eine Entscheidung treffen, sodass in Wirklichkeit sie die Herrscher waren, während die Könige nur wie Diener ihren Willen vollstreckten.“*** (Oratio, XLIX)

Eindeutiger als in diesen beiden Berichte kann man die Stellung von Herrscher und Druiden nicht beschreiben. Druiden und Anführer scheinen eine beinahe symbiotische Einheit gebildet zu haben. Die Druiden galten zwar offiziell nur als Berater und Vertraute, doch wie sollte der Herrscher sich ihren Ratschlägen widersetzen, wo es doch der Wille der Götter war, den sie verkündeten. Ohne Druiden war der Herrscher nichts, denn ihm fehlte gegenüber über dem Volk die Legitimation, da er in einem solchen Fall nicht länger den Willen und die Pläne der Gottheiten in die Tat umsetzte.

Zwar ernannten die Druiden keine Herrscher, sondern diese wurden als Angehörige der Kriegerklasse von ihresgleichen gewählt oder bestiegen den Thron qua Erbfolge, doch war ihr Amt nichts ohne die Anerkennung durch die Druidenschaft, welche das Wohlwollen der Götter symbolisierte. War der Herrscher der Arm und das Schwert, so waren die Druiden das Herz und das Hirn der keltischen Gesellschaft. Der Anführer war also von den Druiden abhängig. Andererseits waren auch die Druiden ihrem Anführer verpflichtet und hatten zu tun, um was er sie bat.

Herrscher und Druide

Mitunter konnten sich beide Funktionen, Herrscher und Druide, auch vermischen oder miteinander verschmelzen. Ein Beispiel dafür ist Divitiacus, Herrscher des keltischen Stammes der Haeduer. Caesar nennt ihn einen Verbündeten und sogar Freund. Marcus Tullius Cicero (106–43 v. Chr.), der berühmte römische Anwalt, Politiker, Philosoph und Schriftsteller, traf Divitiacus 61 v. Chr., als dieser in Rom weilte, wo er den Senat erfolglos um Hilfe gegen die keltischen Sequaner und ihre germanischen Verbündeten unter Ariovist bat. Cicero zeigte sich sehr beeindruckt vom Wissen und der Persönlichkeit des Haeduers und erwähnt ihn in seinen Schriften: ***„… und in Gallien gibt es die Druiden, von denen ich selbst den Haeduer Divitiacus kennengelernt habe.“*** (De Divinatione I, 90).

Divitiacus war also nicht nur Führer seines Stammes, sondern auch Druide, der, so Cicero, auch in der Kunst der Weissagungen bewandert war. Divitiacus besaß großen Einfluss auf die Politik Gesamtgalliens und trat häufig als Vermittler und Botschafter zwischen den gallischen Herrschern und Caesar in Erscheinung. Divitiacus galt als redegewandter und erfahrener Politiker, gewissenhafter Diplomat und war als mäßigender Vermittler bei Konflikten bekannt. Er teilte sich die Herrschaft mit seinem jüngeren Bruder Dumnorix, der eventuell ebenfalls Druide war, im Gegensatz zu seinem Bruder jedoch den Römern feindlich gegenüberstand. Als Caesar im Jahr 54 v. Chr. nämlich seine zweite Expedition nach Britannien plante, fasste er den Beschluss, all jene führenden Gallier, die hinter seinem Rücken einen Aufstand anzetteln könnten, einfach mitzunehmen. Dumnorix dachte nicht daran, dies zu tun, und versuchte, sich der „Einladung“ Caesars zu entziehen, indem er angab: ***„Er sei nicht ans Seefahren gewöhnt und fürchte das Meer, andererseits sei er durch die Erfüllung religiöser Pflichten verhindert.“*** (De bello Gallico, V,6). Caesar – nicht gewohnt, dass man seinen Wünschen nicht folgte – schickte daraufhin seine Reiterei aus, um seiner „Einladung“ Nachdruck zu verleihen. Dumnorix beging den Fehler, sich auch dann noch halsstarrig zu zeigen. Da die Legionäre Befehl hatten, Dumnorix, sollte er sich widersetzen, mit Gewalt zu Caesar zu bringen, bedeutete dies sein Ende.

Der irische Harfenspieler Cruitire verwendete rauschende Substanzen und Flüssigkeiten.

Auch zahlreiche irische Texte berichten über Druiden, die als Botschafter oder Vermittler in politischer Mission tätig waren. Daneben treten Druiden sowohl in antiken als auch in irischen Quellen immer wieder als Friedenstifter auf.

Dazu heißt es bei Diodor von Sizilien: ***„Auch wenn die gegnerischen Heere bereits mit gezücktem Schwert und angelegter Lanze aufeinander vorrücken, treten die Druiden oftmals mitten zwischen die Feinde und stiften Frieden, gerade so, wie man wilde Tiere mit Zaubersprüchen beschwört."*** (Historische Bibliothek V, 31). Irische Mythen berichten davon, wie es Druiden gelang, eine bevorstehende Schlacht in ein Wortgefecht zu verwandeln und in letzter Minute einzugreifen. Doch sollte man die Druiden deshalb nicht zu Pazifisten verklären. Denn wenn nötig nahmen sie auch am Kampf teil (siehe die römische Verwüstung der Insel Anglesey 61 n. Chr.) oder konnten sogar als Heerführer auftreten. So zog der aus den irischen Mythen bekannte Druide Mog Ruith schwerbewaffnet in die Schlacht und lieferte sich mit nicht minder wilden und gerüsteten feindlichen Druiden erbitterte Kämpfe.

Druiden als Richter

Neben politischen Aufgaben übernahmen Druiden jedoch auch noch eine weitere wichtige Funktionen innerhalb des Gefüges der keltischen Gesellschaft: Sie fungierten als Richter. Sowohl Strabon als auch Diodor und Caesar erwähnen, dass die Druiden sowohl in straf- als auch in zivilrechtlichen Dingen richteten.

So heißt es bei Caesar: ***„Sie stehen bei den Galliern in großen Ehren. Denn sie entscheiden in der Regel in allen staatlichen und privaten Streitfällen. Wenn ein Verbrechen begangen worden oder ein Mord geschehen ist, wenn der Streit um Erbschaften oder den Verlauf einer Grenze geht, fällen sie auch hier das Urteil und setzen Belohnungen und Strafen fest. Wenn sich ein Privatmann oder das Volk nicht an ihre Entscheidungen halten, untersagen sie ihm die Teilnahme an den Opfern. Diese Strafe gilt bei ihnen als die schwerste, denn die, denen die Teilnahme untersagt ist, gelten als Frevler und Verbrecher, alle gehen ihnen aus dem Weg und meiden den Umgang und das Gespräch mit ihnen, damit sie nicht durch ihre Berührung Schaden erleiden."*** (De bello Gallico, VI, 13).

Druiden führen also den Vorsitz in Prozessen, die von Erbstreitigkeiten bis hin zu Kleidung reichten und schlichteten Streit um den Verlauf von Grenzen. Ihre Macht und Autorität festigten sie, indem sie diejenigen, welche sich den Urteilen nicht beugten, von den Opferzeremonien ausschlossen. Dies bedeutete praktisch auch einen Verstoß aus der Gemeinschaft, welcher die Betroffenen hart traf. Sie wurden gemieden und waren praktisch vogelfrei. Auch hier treffen wir wieder auf die schon im Bereich Politik angesprochene Verquickung von Profanem und Sakralem. Die Gesetze und ihre Einhaltung stehen unter dem Schutz der Götter, die Druiden sollen dem göttlichen Willen Geltung verschaffen. Obwohl diese das Urteil sprechen, sind jedoch der König bzw. dessen Männer für die Vollstreckung verantwortlich, was ein erneuter Beweis für die enge Verbindung zwischen Herrscher und Druiden ist.

Strabon hebt besonders hervor, dass die Druiden aufgrund ihrer hohen moralischen Werte für überaus gerecht gehalten wurden: ***„Die Druiden hält man für die gerechtesten aller Menschen, weshalb man ihnen sowohl die besonderen als auch die allgemeinen Rechtstreitigleiten anvertraut ... Besonders bei Gewalttaten richteten allein sie."*** (Geographie, IV, 4)

Wunderheiler und Ärzte

Ein weiterer Tätigkeitsbereich, der den Druiden sicher ebenfalls hohes Ansehen eingetragen hatte, war die Heilkunde. Auch unsere Kenntnis druidischer Heilkunst beruht vor allem auf Aussagen antiker Autoren, insbesondere Plinius des Älteren, sowie irischer Texte. Wie wir noch sehen werden, ist der Inhalt letzterer allerdings mitunter fragwürdig.

Antike Autoren bescheinigen den Druiden mehrfach, sich mit allen Fragen der Natur bestens auszukennen – so Ammianus Marcellianus, der ihnen zubilligte, die tiefsten Geheimnisse der Natur zu kennen oder auch Cicero, welcher behauptete, die Druiden seien bestens vertraut mit den ***„Naturgesetzen, die Griechen nennen dies Physiologie“*** (De Deviatione I, 40). Nicht anders als heute war auch für die Druiden eine gründliche Kenntnis der Vorgänge der Natur eine Grundlage zur Fähigkeit des Heilens und Helfens. Erst dieses Wissen macht es möglich, Krankheiten und Verletzungen zu heilen. Wichtigster Bestandteil der druidischen Medizin waren sicherlich Heilpflanzen und die Kenntnis ihrer Wirkung. Welche Pflanzen die Druiden benutzten, ist allerdings im Gegensatz zum antiken Griechenland und Rom nicht überliefert. So beschrieb Aristoteles allein 550 pharmakologisch wirksame Pflanzenarten, und

Das keltische Fort Dun Aonghasa auf Aran Island, Inishmore, Irland.

der römische Militärarzt Dioskorides untersuchte die Heilwirkung von 600 Pflanzen. Doch warum sollten die Druiden in ihren Kenntnissen hier zurückgestanden haben? Es ist also davon auszugehen, dass auch die Kelten über eine umfangreiche Naturapotheke verfügt haben dürften.

Die Heilkraft der Mistel

Eine der von Druiden eingesetzten Heilpflanzen ist uns jedoch bestens bekannt, vor allem dank der Beschreibungen Plinius des Älteren. So heißt es bei ihm: ***„Sie glauben, dass die Mistel … die Fruchtbarkeit zurückgibt und sie ein Mittel gegen alle Gifte sei.“*** (Naturgeschichte, XVI, 29) Der Mistel wurde also eine hohe Heilkraft zugemessen, ja sie war sozusagen ein Allheilmittel. Dementsprechend groß war die Verehrung, die sie genoss. Dazu erneut Plinius: ***„Die Druiden … halten nichts für heiliger als die Mistel, und den Baum, auf dem sie wächst. Hat man die Mistel gefunden, so wird sie mit großer Ehrfurcht abgenommen, vor allem am sechsten Tage des Mondzyklus. Sie nennen die Mistel in***

ihrer Sprache ‚die alles Heilende'... Der Priester, bekleidet mit einem weißen Gewand, besteigt den Baum und schneidet die Mistel mit einer goldenen Sichel ab. Sie wird mit einem weißen Tuch aufgefangen." (Naturgeschichte, XVI, 29) Dass die Mistel nicht den Boden berühren durfte, unterstreicht ihre besondere Rolle, weshalb sie mit einem weißen Tuch aufgefangen wurde. Zudem wurde sie mit einer goldenen oder nach neuerer Ansicht vergoldeten Sichel (da Gold zu weich gewesen wäre) geschnitten und nicht mit einer profanen eisernen oder bronzenen. Grund für die besondere Rolle der Mistel dürfte die scharfe Naturbeobachtung der Druiden gewesen sein, denen aufgefallen war, dass dieser Halbparasit sich nur an bestimmten Bäumen findet, aber unabhängig von diesen, also auch im Winter, grün ist und Früchte bildet. Diese Besonderheit der Lebendigkeit inmitten einer im Winter erstarrten Natur schien zu bestätigen, dass dieser Pflanze besondere Kräfte innewohnen. Mistelzweige dienten den Kelten jedoch nicht nur als Arznei, sie wurden auch zur Abwehr böser Geister verwendet. Nicht nur die Kelten, auch der europäische Volksglaube im Allgemeinen sprach und spricht der Mistel besondere Eigenschaften zu. Schon in der Antike stellte man aus ihr eine Arznei gegen die „Fallsucht" (Epilepsie) her, und heute weiß man, dass die Wirkstoffe der Mistel gegen Hypertonie (Bluthochdruck) und vorbeugend gegen Arteriosklerose wirken.

Kompressen mit Mistelsaft werden gegen Rheumatismus und Ischias eingesetzt. Auch in der Krebstherapie werden Mistelpräparate verwendet, allerdings ist deren Wirksamkeit sehr umstritten.

Des Weiteren berichtet Plinius, dass auch andere Pflanzen, z. B. Salbei und Eisenkraut, die unter ganz besonderen Bedingungen nach strengen Regeln gepflückt werden mussten, als Arznei dienten. Auch hier ist eine Verquickung von Übersinnlichem und genauer Naturbeobachtung zu konstatieren, da beide Pflanzen eine lange Tradition als Arzneien haben und auch heute noch eingesetzt werden. Salbei (lateinisch Salvia) leitet seinen Namen nicht ohne Grund vom lateinischen „salvare" (heilen) ab und enthält einen hohen Anteil ätherischer Öle. Allgemein bekannt ist seine wohltuende Wirkung z. B. bei Halsschmerzen. Einige Salbei-Arten enthalten sogar halluzinogene Stoffe.

Das Druidenkraut

Die Verwendung von Eisenkraut als Arznei, volkstümlich mitunter auch „Druidenkraut" genannt, hat eine lange Tradition. Ihm werden insbesondere harntreibende, den Gallenfluss anregende und antirheumatische Wirkungen nachgesagt. Eisen enthält die Pflanze jedoch trotz ihres Namens nicht. Allerdings konnte bei pharmakologischen Untersuchungen aller bekannten Inhaltsstoffe keine eindeutige pharmazeutische Wirkung nachgewiesen werden. Deshalb werden Eisenkrautpräparate heute, wenn überhaupt, nur noch in der Volksmedizin eingesetzt. Pflanzliche Arzneimittel, so genannte Phytopharmaka, erleben in unserer Zeit eine ungeahnte Renaissance, und es erscheint daher umso bedauernswerter, dass die Druiden ihre Kenntnisse über Heilpflanzen nicht schriftlich fixierten. Sicherlich ist nicht weniges davon mündlich tradiert bis in die mittelalterliche Klostermedizin hinübergerettet worden, doch leider ist auch vieles verfälscht worden oder verloren gegangen.

Dian Cecht und der Gesundbrunnen

Wahre Wunder berichten irische Erzählungen. Der Druide Dian Cecht soll einen Gesundbrunnen geschaffen haben, indem er alle in Irland vorkommenden Pflanzen in eine Quelle hineinwarf und so Krieger, die in einer Schlacht gefallen waren, wieder zum Leben erwecken konnte. Ein Motiv, das auch in anderen Sagen auftaucht und sogar auf archäologischen Funden wie dem Kessel von Gundestrup wiederzufinden ist. Die irische Sage des Rinderraubes von Cualnge schildert, wie nach dem Kampf der beiden Helden Cuchulainn und Ferdead, die nun beide schwer verwundet auf dem Kampfplatz liegen, Druiden eintreffen und sich um sie kümmern: ***„Sie legten Heilkräuter und Pflanzen auf ihre Wunden und besprachen sie mit magischen Formeln. Am darauf folgenden Tag bringen sie Zaubertränke und sprechen Zauberformeln über die blutigen Wunden, um den Blutfluss zu stillen und die Schmerzen zu lindern."*** Diese Behandlung erwies sich dann als so erfolgreich, dass die beiden Kontrahenten erneut begannen, aufeinander einzuschlagen.

Hervorzuheben ist hier der Einsatz von Zaubersprüchen und magischen Formeln. Die Druiden glaubten, alles Geistige und Lebendige lasse sich mittels der Kraft der Sprache beeinflussen. Dies konnte in positiver Weise durch den Einsatz bestimmter magischer Formeln im Rahmen einer Heilbehandlung geschehen, aber auch als Verwünschungen, welche die Gesundheit des Betroffenen schädigen sollten – was sich mit dem hippokratischen Eid wohl kaum vereinbaren ließe.

Einige antike Autoren verspotteten daher die Vorgehensweise der Druiden bei Erkrankungen und wiesen ihnen die Rolle von Scharlatanen zu. Doch sollte man die Wirksamkeit der Sprache in der Medizin nicht unterschätzen. Selbstverständlich wirken magische Formeln selbst nicht, aber die Hinwendung zum Patienten und die Beschäftigung mit dem Kranken ist eine nicht von der Hand zu weisende Größe in der Erzielung von Heilerfolgen. Die moderne Medizin weiß wieder, wie wichtig der zwischenmenschliche Moment ist, nicht nur bei psychosomatischen Erkrankungen.

Heilquellen und Thermalbäder

Die Kelten kannten auch bereits die heilsame Wirkung von Quellen und Thermalbädern. An zahlreichen Stellen, an denen römische Thermen standen, finden sich Zeugnisse, dass diese auf den Grundmauern älterer keltischer Anlagen entstanden waren. Einige der bereits von den Kelten genutzten Quellen sind heute noch in Betrieb, die bekannteste dürfte sicher jene im Kurort Vichy sein.

Geradezu futuristisch muten die Leistungen des bereits erwähnten Druiden Dian Cecht in einem Bereich an, den man modern als Transplantations- und Ersatzteilchirurgie bezeichnen würde. So soll er seinen Brüdern, die im Kampf verwundet wurden, auf erstaunliche Weise geholfen haben. Als Midir ein Auge verlor, soll Dian Cecht ihm ein neues eingesetzt haben, und Nuada fertigte er zunächst eine funktionsfähige Hand aus Silber an, die dann später durch ein Exemplar aus Fleisch und Blut ersetzt wurde. So lautet zumindest die Sage. Bei allem Respekt für die Fähigkeiten der Druiden und unseren großen Lücken im Bezug auf ihr Wissen erscheint das doch mehr als weit hergeholt, denn selbst heute ist es noch nicht gelungen, eine voll funktionsfähige Handprothese zu produzieren. Obschon heute bereits Hände und Unterarme transplantiert wurden, ist dies doch ein Eingriff von höchster Schwierigkeit, gerade im Bereich der Verbindung der Nerven, von den Immunreaktionen des Empfängers und der sich daraus ergebenden Notwendigkeit der Gabe von Immunsuppressiva ganz zu schweigen. Die Transplantation eines Auges erscheint dagegen auch heute noch wie Zukunftsmusik, obwohl Hornhäute bereits erfolgreich durch Spenderorgane ersetzt worden sind.

In der Sage über die Schlacht bei Mag Tured soll Dian Cecht, gefragt über welche Heilkünste er verfüge, geantwortet haben: ***„Ich kann alle Verwundeten heilen … mit Ausnahme derjenigen, denen man den Kopf abgeschlagen hat oder deren Rückenmark oder Gehirn verletzt wurde.“*** Diese Aussage, wenngleich wohl immer noch weit jenseits dessen, was Druiden tatsächlich vermochten, offenbart hingegen doch eine recht genaue

Beobachtung im Bezug auf die Reversibilität von Verletzungen und möglichen Heilungschancen.

Andere irische Texte heben das Geschick der Druiden bei chirurgischen Eingriffen hervor. Dabei sollte man jedoch bedenken, dass dies im Prinzip nur die Wundversorgung und die Amputation von Gliedmaßen bedeuten konnte – eine Fähigkeit, die man jedoch keinesfalls gering achten sollte und die zur damaligen Zeit häufig zu Anwendung gekommen sein dürfte. Interessant wäre es, zu erfahren, ob und in welcher Art die Druiden bereits Anästhesie kannten, doch darüber kann nur spekuliert werden. Ebenso aufschlussreich wäre es in diesem Zusammenhang zu erfahren, was römische Militärärzte, über deren Können und Instrumentarium wir recht gut Bescheid wissen, von ihren keltischen Kollegen hielten, doch leider liegen dazu uns keine Quellen vor.

Allerdings musste jede Eröffnung des Bauch- oder Brustraumes in jener Zeit, in der man weder Sterilität noch Antibiotika kannte, praktisch zwangsläufig zu einer Peritonitis (Bauchfellentzündung) oder Pleuritis (Brustfellentzündung) führen, welche ohne die entsprechende medikamentöse Versorgung in den meisten Fällen zu einem qualvollen Tod führt. Selbst eine Blindarmentfernung dürfte also kaum auf dem Operationsplan eines Druiden gestanden haben. Liest man jedoch neodruidische oder neokeltische, bzw. esoterische Literatur oder Webseiten zu diesem Thema, scheinen die Aussagen irischer Texte bezüglich der chirurgischen Fähigkeiten der Druiden recht unkritisch übernommen zu werden.

Trepanationen

Was jedoch schon erfolgreich in keltischer Zeit und auch bereits Jahrtausende davor im Neolithikum durchgeführt wurde, sind so genannte Trepanationen, das heißt Öffnungen des knöchernen Schädels. Dies mag bei Verletzungen und/oder aus kultischen Gründen geschehen sein, genaue Erkenntnisse liegen nicht vor. Untersuchungen an trepanierten jungsteinzeitlichen Schädeln ergaben, dass mehr als zwei Drittel der so behandelten Menschen Heilungsspuren aufwiesen und daher zumindest eine geraume Zeit überlebt haben müssen. In den 1950er-Jahren wurde bekannt, dass zu jener Zeit in Kenia von Medizinmännern noch immer Trepanationen unter neolithischen Bedingungen, d. h. mit Steinwerkzeugen und ohne Anästhesie, durchgeführt wurden. Auch von den antiken Griechen und Römern ist bekannt, dass sie diese Operationen durchführten, Trepanationen waren also keineswegs eine nur auf Druiden beschränkte Fähigkeit.

Wissenschaftler, Philosophen und Theologen

Ihre Beobachtungsgabe vermittelte den Druiden nicht nur eine für die damalige Zeit solide Kenntnis der Heilkunde, sondern der Natur und ihrer Abläufe im Allgemeinen. Und wie jeder Mensch, der sich schon einmal mit den kleinen und großen Wundern der Natur auseinandergesetzt hat, werden sich auch die Druiden Fragen nach dem Wie und Warum gestellt haben. Eine Fragestellung, die geradezu zwangsläufig in den Bereich Religion, Philosophie und Naturwissenschaft führt – wobei der Begriff „Wissenschaft“ hier im weitestmöglichen Sinne verwendet wird und nicht nur im Sinne der modernen Wissenschaftstheorie. Das Göttliche spiegelte bzw. offenbarte sich nach der Meinung der Druiden in der Natur. Wer daher die Götter kennenlernen wollte, musste die Natur studieren.

Druiden als Astronomen

Laut Caesar waren die Druiden auch Astronomen, die sich mit dem Lauf der Gestirne beschäftigten, Geografen, die sich ein Bild von der Größe der Welt zu machen versuchten, Naturkundige sowie Philosophen und, wie bereits berichtet, Lehrer: ***„Sie stellen außerdem häufige Erörterungen an über die Gestirne und ihre Bahn, über die Größe der Welt***

Die Überreste einer Keltensiedlung in Gallego, Spanien.

und des Erdkreises, über die Natur der Dinge, über die Macht und Gewalt der unsterblichen Götter und vermitteln dies alles der Jugend. " (De bello Gallico, VI, 14)

Besonders für eine agrarische Gesellschaft wie die keltische war die Kenntnis des Laufes der Gestirne und damit die Möglichkeit, einen Kalender zu erstellen, von hoher Wichtigkeit. Nur so ließen sich zuverlässig die Tag- und Nachtgleiche sowie der Lauf der Jahreszeiten berechnen und der Zeitpunkt für Aussaat und Ernte bestimmen. Auch die Festtage wie Imbolc, Beltane, Lugnasa und Samhain setzen eine verhältnismäßig präzise Kalenderberechnung voraus, was von denjenigen, welche diese Berechnungen anstellten, nicht geringe mathematische Fähigkeiten verlangte.

Der Kalender von Coligny

Ein Beispiel für einen keltischen Kalender wurde Ende des 19. Jahrhunderts bei Coligny in Frankreich entdeckt. Diese wohl um die Zeit von Christi Geburt hergestellte Bronzetafel, auf der Druiden mittels römischer Schriftzeichen und Zahlen, jedoch in keltischer Sprache, einen Kalender erstellt hatten, war bei ihrem Fund leider in zahlreiche Teile zerbrochen. Dennoch war gut zu erkennen, dass es sich bei diesem Fund um einen lunaren Kalender handelte, der einen Fünfjahreszyklus abdeckte.

16 Spalten zu je vier Monaten waren zu einem Zyklus von 62 Mondmonaten plus zwei Schaltmonaten zusammengefasst. Die Schaltmonate waren nötig, da ein lunarer Kalender nicht synchron mit einem Sonnenkalender laufen kann, denn seine Monate sind im Durchschnitt rund einen Tag kürzer als die des Sonnenkalenders. Da bereits ein Sonnenjahr alle vier Jahre einen Schalttag benötigt, um synchron mit dem tatsächlichen Umlauf der Sonne um die Erde zu bleiben, hinkt der Mondkalender nach einiger Zeit dem tatsächlichen Ablauf der Jahreszeiten und astronomischen Ereignissen hinterher, weshalb die Kelten nicht nur Schalttage, sondern sogar Schaltmonate in ihren Kalender integrierten.

Lunar- oder Mondkalender orientieren sich an den Mondphasen. So beginnt z. B. der neue Monat stets mit Eintritt der Neumondphase (oder jeder anderen beliebig festgelegten Phase). Auch das deutsche Wort „Monat" leitet sich etymologisch von „Mond" ab. Plinius bestätigte, dass die Kelten einen lunaren Kalender verwendeten: ***„Der Mond bildet bei ihnen den Anfang der Monate und Jahre und nach dreißig Jahren einen neuen Zeitabschnitt."*** (Naturgeschichte, XVI, 95). Auch Caesar gibt einen deutlichen Hinweis darauf: ***„Daher begrenzen sie die Zeitabschnitte nicht nach der Zahl der Tage, sondern der Nächte. Bei der Berechnung von Geburtstagen und Jahres- und Monatsanfängen gehen sie so vor, dass der Tag der Nacht folgt.*** " (De bello Gallico, VI, 18).

Die Beobachtung der Sterne und Planeten am nächtlichen Himmel diente aber nicht allein der Kalenderberechnung, die Druiden verfolgten auch astrologische Zwecke. Diese Verquickung rationaler und magischer Elemente spiegelt sich auch im Kalender von Coligny selbst wider, der nach positiven oder negativen Zeiten unterteilt war. Offenbar lebten die Druiden oder die Kelten allgemein als von guten und bösen Kräften beeinflusst, die es zu suchen oder zu meiden galt.

Ihre mathematischen Kenntnisse könnten die Druiden durchaus im Austausch mit der antiken Welt des Mittelmeerraums erweitert haben. Hippolytus (ca. 170–235 n. Chr.) schrieb, dass die Druiden mithilfe pythagoräischer Berechnungen in der Lage waren, bestimmte Himmelsereignisse vorauszusagen.

Name	Zeit	Tage	mögliche Deutung
Samon(ios)	Okt/Nov	30	Sommerende
Dumanni(os)	Nov/Dez	29	dub-annios < dubos: dunkel
Riuros	Dez/Jan	30	Frost
Anagantio(s)	Jan/Feb	29	„der Monat, in dem man nicht singt“
Ogroni(os)	Feb/Mär	30	Eis
Cutios	Mär/Apr	30	Ende der kurzen Tage
Giamoni(os)	Apr/Mai	29	Winterende
Simivis(onios)	Mai/Jun	30	lat. semis: halb, dt. Wiese = erste Heuernte
Equos	Jun/Jul	30	Monat der Pferdegöttin Epona
Elembiv(os)	Jul/Aug	29	Monat des geweihtragenden Gottes Cernunnos
Aedrini(os)	Aug/Sep	30	Luft, heiterer Himmel
Cantlos	Sep/Okt	29	kelt. cantlon: Gesang
Ciallos (Schaltmonat)			Randmonat

Die Namen sind meist nur als Abkürzung überliefert und scheinen alle auf -os, -ios zu enden, teilweise mit einer Stammerweiterung auf -in-, -on-, -man- -mon-.

Es wäre durchaus denkbar, dass die Druiden bereits früh mit der griechischen Wissenschaft und Philosophie in Berührung gekommen sind, denn seit dem 7. Jahrhundert vor Christus war das Gebiet rund um Massillia (heute Marseille) eine griechische Kolonie. Ein reger Austausch, nicht nur – wie archäologisch belegt – von Waren, ist in dieser Gegend also sehr wahrscheinlich.

Neben der Astronomie verlangte auch die Baukunst mathematische Kenntnisse. In einigen irischen Sagen tauchen Druiden als Baumeister auf, die – gleich den Göttern, die das Universum erbauten – den Menschen Häuser entwarfen.

Große Philosophen

Aber nicht nur in der Mathematik, auch in der Philosophie leisteten die Druiden Erstaunliches. Mehrere antike Autoren, die den Druiden sonst eher skeptisch gegenüberstehen, betonen ihre Weisheit und Gelehrtheit auf diesem Gebiet. Pomponius Mela etwa nennt die Druiden „magistri sapientiae“, was „Meister der Weisheit“ bedeutet. Ammanius zitiert erneut Timagenes, der ihren Intellekt lobte und sagte, sie hätten sich „der Erforschung verborgener und hoher Dinge“ gewidmet.

Dion von Chrysostomus vergleicht die Philosophie der Druiden mit jener der Zivilisationen Ägyptens, Persiens und Indiens sowie der philosophischen Lehre des Pythagoras. Immer wieder bringen auch antike Autoren – hier vermischt sich die Philosophie mit Religion und Theologie – die druidische Lehre von der unaufhörlichen Wiedergeburt mit der pythagoräischen Seelenwanderung in Verbindung. Allerdings hinkt dieser Vergleich, da die Druiden davon ausgingen, dass ein Mensch nur als Mensch wiedergeboren wird, die Pythagoräer jedoch davon ausgingen, dass die Seele in jeden beliebigen Körper, sei es Mensch oder Tier, eingehen kann. Doch auch hier ist es möglich, dass die Druiden von ihrem Kontakt mit den Griechen Südgalliens beeinflusst wurden und daraus ihre eigene Lehre entwickelten. Auch Caesar bestätigt die Lehre der Wiedergeburt: ***„Der Kernpunkt ihrer Lehre ist, dass die Seele nach dem Tod nicht untergehe, sondern von einem Körper in den anderen wandere. Da so die Angst vor dem Tod bedeutungslos wird, spornt das ihrer Meinung nach die Tapferkeit ganz besonders an.“*** (De bello Gallico, VI, 14). Wie die menschliche Seele immer wiedergeboren wird, so sollten nach Ansicht der Druiden auch die Welt und das Universum ewig sein, jedoch periodisch immer wieder im Chaos aus Feuer oder Wasser versinken.

Bei all diesen unterschiedlichen Bereichen sollte jedoch nicht vergessen werden, dass sie zu allererst doch immer noch Priester und Theologen waren, oder wie Caesar schreibt: ***„Den Druiden obliegen die Angelegenheiten des Kultus, sie richten die öffentlichen und privaten Opfer aus und interpretieren die religiösen Vorschriften.“*** (De bello Gallico, VI, 13)

Ein Menhir in Carnac in der Bretagne, Frankreich. Hier stehen Steinreihen und -kreise mit rund 3.000 Menhiren, deren Bedeutung und Nutzung immer noch ungeklärt ist.

Zauberer und Magier

Zahlreiche Sagen und Legenden berichten über die Macht der Druiden über Menschen, Tiere und die Natur allgemein mittels Magie und Zaubersprüchen.

Wie bereits erwähnt, glaubten die Druiden, dass sich das Geistige im Universum durch Sprache beeinflussen ließe. So zum Beispiel nicht allein durch Zaubersprüche, sondern auch durch Gesang, Beschwörungen, Verwünschungen und Flüche.

Die Macht der gesprochenen Wörter

Druide besaßen, so heißt es, die Macht über die Elemente und waren in der Lage, das Wetter zu beeinflussen, ja sogar die Sonne selbst zu verfinstern. Das alles taten sie mithilfe des gesprochenen Wortes, dem eine ungeheure Macht zugeschrieben wurde. Geschriebenes dagegen galt als weit weniger wirksam. Diese Ansicht spiegelt sich im Übrigen auch in dem weitgehenden Verzicht auf eine eigene Schriftlichkeit und die mündliche Überlieferung der druidischen Lehren wider. Auch die Verwandlung in jede beliebige Gestalt ist für Druiden in irischen Sagen ohne Weiteres möglich.

Die Magie diente jedoch auch der Abwehr böser Geister und Dämonen, z. B. mithilfe von Amuletten oder bestimmter Schutzhandlungen, wie dem Aufhängen von Mistelzweigen über der Tür des Hauses. Bestimmte Materialien wie Gold (siehe goldene Sichel), Bernstein, Glas, Eisen und das Holz der Eberesche waren besonders magisch wirksam und brachen die Macht von Feen und Dämonen mit sich.

Magischer Nebel und druidischer Schlaf

Den Druiden selbst wurde zudem nachgesagt, dass sie eine Art Nebel erzeugen konnten, der Menschen und Städte, ja ganze Landschaften den Blicken anderer entzog und damit praktisch unsichtbar machte. Auch von einem „druidischen Schlaf" wird berichtet, der dazu führte, dass Menschen, welche in diesen versetzt wurden, die Wahrheit sprachen. Mittels eines „Tranks des Vergessens" sollen Druiden Menschen all ihrer Erinnerungen beraubt haben, sodass diese nicht einmal ihre nächsten Verwandten erkannt haben sollen.

Bedenkt man, wie oft Magie und Zauber in keltischen Sagen auftauchen, darf man wohl daraus schließen, dass beides im Leben der Kelten eine große Rolle spielten.

Die Kelten wollten mittels dieses magischen Tuns Einfluss auf eine ihnen unheimliche, oftmals unbegreifliche Welt nehmen. Naturkatastrophen, Kriege, Krankheiten und der Tod selbst waren ständige Begleiter der Menschen der Eisenzeit, nicht nur der Kelten. Zuflucht suchte man in Religion, Aberglaube und Magie.

DRUIDINNEN?

War das Amt der Druiden nur auf Männer beschränkt oder gab es auch Druidinnen? So entnervend es ist, die Wissenschaft kann auch auf diese Frage keine definitive Antwort liefern, obwohl einiges dafür spricht, dass es Druidinnen gab. Im vorhergehenden Kapitel war bereits die Rede von der Insel Anglesey mit ihrem keltischen Heiligtum, das im Jahr 61 n. Chr. von römischen Truppen unter Gaius Suetonius Paulinus erobert und verwüstet wurde.

Tacitus beschreibt die Landung der Legionäre wie folgt: ***„Am Gestade standen schon die feindlichen Schlachtreihen, eine dichte Folge bewaffneter Männer. Zwischen ihnen liefen Weiber umher, die nach Art der Furien in schwarzen Gewändern und mit aufgelösten Haaren Fackeln in den Händen trugen. Ringsherum stießen Druiden, die Hände gen Himmel erhoben, grausige Verwünschungen aus.“*** (Annalen, XIV, 30). Waren diese Frauen Druidinnen? Oder waren sie bloß „Hilfspersonal“, das die Druiden unterstützte und die Kämpfer anstachelte?

Wenn sie Druidinnen waren, so wurden sie von den römischen Augenzeugen nicht als solche wahrgenommen, denn explizit ist ja nur von Druiden die Rede. Waren sie Druidinnen, so haben sich ihre Aufgaben offenbar sehr von denen ihrer männlichen Kollegen unterschieden.

Die Stellung der Frau in der keltischen Gesellschaft

Die Frage, ob es Druidinnen gab oder nicht, muss vor dem Hintergrund der Stellung der Frau in der keltischen Gesellschaft und in der Antike im Allgemeinen gesehen werden. Betrachten wir die Position griechischer oder römischer Frauen in jener Zeit, so waren diese aus dem öffentlichen Leben weitestgehend verbannt. Ihre Domäne waren Haus, Küche und Kinder. Einfluss nahmen Frauen im Verborgenen und über den Umweg ihrer Ehemänner oder Söhne. Frauen in herausragender Position waren die absolute Ausnahme, einzig einige hohe religiöse Ämter waren ihnen zugänglich, z. B. die Priesterinnen der Vesta, die Vestalinnen in Rom.

Wenn Caesar die Lage gallischer Frauen also wie folgt beschreibt: ***„Die Männer haben gegenüber ihren Frauen ebenso wie gegenüber ihren Kindern Gewalt über Leben und Tod.“*** (De bello Gallico, VI, 19), so schient dies dafür zu sprechen, dass die Stellung der Frau bei den Kelten ähnlich war wie bei den Griechen und Römern. Doch so einfach ist es leider nicht. Sowohl die antiken Autoren als auch archäologische Funde und irische Texte zeigen, dass es bei den Kelten immens einflussreiche, ranghohe und mächtige Frauen gab. So finden sich sehr reichhaltig ausgestattete Frauengräber, wie jene in Vix und Reinheim.

Die Fürstin von Vix

Ende des 6. Jahrhunderts v. Chr. verstarb eine rund 35-jährige Frau und wurde mit großem Aufwand am Fuße eines Hügels, auf dem sich eine eisenzeitliche Festung nachweisen lässt, bestattet. Dieses 1953 entdeckte Grab, nahe dem Dorf Vix im französischen Burgund gelegen, erwies sich als einzigartig. Die Verstorbene war auf dem Kasten eines Prunkwagens aufgebahrt, dessen abmontierte Räder säuberlich an die östliche Wand des Grabes gelehnt waren. War dies – das Rad diente den Kelten oftmals als Zeichen der Sonne – ein Symbol für den

„Regenbogenschüsselchen“ aus dem Keltenmuseum von Manching. Diese Art der Goldmünzen war hauptsächlich in Österreich und Süddeutschland verbreitet.

Der Krater von Vix.

Sonnenaufgang und damit für die Wiedergeburt der Toten? Die Verstorbene selbst trug sehr umfangreichen Schmuck, der auf großen Reichtum schließen ließ.

Doch wie schließt man nun anhand der Grabbeigaben auf die Stellung der Verstorbenen? Schließlich könnten all diese kostbaren Grabbeigaben ja auch nur darauf hindeuten, dass sie die Frau oder Tochter eines mächtigen und reichen Mannes war. Das Grab enthielt jedoch noch ein einzigartiges Fundstück: ein riesiges bronzenes Gefäß, 164 cm hoch und 208 kg schwer, welches damit das größte bekannte antike Gefäß dieser Art überhaupt ist. Der „Krater von Vix" diente dem Mischen von Wein und stammt sehr wahrscheinlich aus dem Mittelmeerraum, etwa aus Korinth oder Etrurien. Trotz seines hohen Gewichts und seiner Größe wurde dieses Fundstück über eine für damalige Verhältnisse riesige Strecke transportiert und dürfte immensen Wert besessen haben. Interessant sind die Verzierungen des Kraters. Unter den beiden Henkeln finden sich zwei gorgonenartige, eindeutig weibliche Wesen mit gespreizten Schenkeln. In ihren weit aufgerissenen Mündern finden sich spitze Fangzähne, neben ihnen winden sich Schlangen. Auf dem Deckel des Gefäßes befindet sich eine feingearbeitete weibliche Gestalt, wahrscheinlich die Darstellung einer Muttergöttin, aber eventuell auch der Verstorbenen selbst.

Am Fuß des Kraters zieht sich ein Fries mit zahlreichen schwerbewaffneten Kriegern entlang, deren Parade von einer weiblichen Gestalt (Göttin? Herrscherin?) abgenommen wird.

Könnte die Symbolik eindeutiger sein? Offenbar wurde dieses Gefäß speziell für eine Frau gefertigt, eindeutig eine Frau mit Macht und Ansehen. Symbole der Sexualität und Fruchtbarkeit, gepaart mit solcher der Zerstörung, scheinen auf eine religiöse Komponente hinzudeuten. War die in Vix Beigesetzte etwa Fürstin und Priesterin zugleich? Zumindest das Erstere scheint eindeutig, denn im Umkreis dieses Grabes wurden bis heute trotz intensiver Suche keine weiteren, ähnlich reich ausgestatteten Gräber gefunden.

Auch andere Frauengräber aus den frühen Eisenzeit weisen reiche Grabbeigaben auf, so das Grab einer Frau aus dem 4. Jahrhundert v. Chr., das man bei Reinheim, einem Teil der Gemeinde Gersheim im Saarland, entdeckte. Interessant sind bei dieser Verstorbenen vor allem ihr reichhaltiger, erlesener Schmuck, darunter Armreife und eine Halsspange. Sowohl auf den Reifen als auch auf der Spange finden sich Darstellungen einer Frau, deren Hände nach Art eines Begräbnisses auf dem Bauch gefaltet sind und über deren Kopf ein mächtiger Greifvogel schwebt. Dies könnte das Symbol für die Macht der Verstorbenen gewesen sein oder ihre religiöse Rolle widerspiegeln.

Boudicca und Cartimandua

Nicht nur die Archäologie, sondern auch die antiken Autoren bestätigen, dass es bei den Kelten mächtige und hochrangige Frauen gab, besonders in Britannien. Sowohl Tacitus als auch Cassius Dio (155–235 n. Chr.) berichten übereinstimmend über Boudicca, die Königin der Icener. Boudicca war die Frau des Königs Prasutagus, der mit den römischen Eroberern kooperiert hatte und als Belohnung für seine Unterstützung sein Königreich behalten durfte.

Als Prasutagus 60 n. Chr. starb, übernahm seine Gemahlin Boudicca die Herrschaft. Dies war jedoch nach römischer Ansicht nicht möglich, Frauen waren keine Herrscher. Die Römer beschlagnahmten daher den Staatschatz der Icener und versuchten, die neue Königin zu entthronen. Zugleich brachten sie die den Icenern benachbarten Trinovanten gegen sich auf, da sie diese von ihrem Land vertrieben, um dort aus dem Dienst ausgeschiedene Legionäre anzusiedeln. Boudicca nutzte die Empörung der Trinovanten, um sich mit ihnen zu verbünden. Einem Heer aus Icenern und Trinovanten gelang es, die drei wichtigsten römischen Städte auf britannischem Boden – Camulodunum (Colchester), Londinium (London) und Verulamium (Saint Albans) – zu erobern und zu zerstören. Schließlich aber setzte sich, wie so häufig, die Disziplin und Erfahrung der Legionen durch. Gaius Suetonius Paulinius, der Statthalter Neros in Britannien, stellte die Streitmacht Boudiccas nordwestlich von Verulamium und schlug die Aufständischen vernichtend. Über Boudiccas Ende gibt es unterschiedliche Versionen. Tacitus berichtet, sie habe Selbstmord begangen (Annalen XIV, 37), Cassius Dio schreibt, sie sei an einer Krankheit verstorben (Römische Geschichte, LXII, 12, 6).

Eine weitere mächtige Frau jener Zeit war Cartimandua, die Königin der Briganten, welche im Gebiet des heutigen Yorkshire ansässig waren. Tacitus berichtet, Cartimandua habe ihre Stellung ihrer Geburt zu verdanken, was wohl bedeutet, dass sie als legitime Erbin ihres Vaters oder ihrer Mutter auf den Thron gelangte. Im Gegensatz zu Boudicca ging Cartimandua ein Bündnis mit den Römern ein, worauf es zum Zwist mit ihrem Mann kam, den sie schließlich verstieß. Ohne Umschweife nahm sie daraufhin den Krieger Vellocatus zum Gemahl. Die Römer schienen sich in diesem Fall auch nicht im Geringsten daran zu stören, dass eine Frau auf dem Thron saß. Cartimanduas Vorgehen zeigt, dass Frauen im 1. Jahrhundert n. Chr. auf den Britischen Inseln legitime Herrscherinnen sein konnten und sich von unliebsamen Ehemännern trennen konnten. Dennoch, auch in Britannien war dies nicht alltäglich. Die keltische Gesellschaft war patriarchalisch strukturiert, dafür spricht allein schon die Tatsache, dass uns außer den genannten Beispielen keine weiteren hochrangigen Frauen bekannt sind.

Fundstücke aus der La-Tène-Zeit von der Schnippenburg bei Osnabrück

Der Boudicca-Aufstand

55 und 54 v. Chr.
Caesar setzt mit einem Teil seinen Truppen zweimal nach Britannien über, zieht sich jedoch wieder zurück.

43 n. Chr.
Kaiser Claudius setzt seinen Plan zur Eroberung Britanniens in die Tat um. Vier römische Legionen (rund 20.000 bis 24.000 Mann) unter Aulus landen an der britischen Südküste.

43 n. Chr.
Kaiser Claudius reist nach Britannien und hält sich 16 Tage bei seinen Legionen auf.

43 n. Chr.
Prasutagus, König der Icener, unterwirft sich den Römern. Er darf dafür sein Land behalten, ist aber von Rom abhängig.

43–44 n. Chr.
Römische Legionen machen das keltische Oppidum Camulodunum (Colchester) zu ihrem Hauptquartier im besetzten Britannien und errichten dort ein befestigtes Lager.

47 n. Chr.
Gründung Londiniums (London) durch die Römer.

48–49 n. Chr.
Nach Abzug der Legionäre entwickelt sich aus Camulodunum eine Veteranenkolonie. Der dort ansässige Stamm der Trinovanten wird daher vertrieben.

50 n. Chr.
Das keltische Oppidum Verlamion wird nach der römischen Eroberung zur römischen Stadt Verulamium (St. Albans).

bis 52 n. Chr.
Die Römer erobern weite Teile im Süden und der Mitte Britanniens.

54 n. Chr.
Kaiser Claudius wird von seiner Frau Agrippina der Jüngeren vergiftet. Ihr Sohn Nero wird sein Nachfolger.

60 n. Chr.
Prasutagus stirbt und vermacht sein Königreich zur Hälfte seinen beiden Töchtern und Kaiser Nero. Prasutagus' Witwe Boudicca übernimmt anstelle ihrer minderjährigen Töchter die Regentschaft.

60. n. Chr.
Die Römer erkennen Bodiccca als Regentin nicht an und dringen auf das Gebiet der Icener vor. Der Staatsschatz der Icener wird beschlagnahmt, Boudiccas Wohnsitz zerstört, ihre Töchter entführt (je nach Quelle auch vergewaltigt).

Ende 60–61 n. Chr.
Aufstand der Icener und Trinovanten gegen die römischen Besatzer. Nach anfänglichen Erfolgen, wie der Plünderung und Brandschatzung Camulodunums, Londiniums und Verulamiums, werden die Aufständischen durch aus dem Westen der Insel herbeigeholte Legionen vernichtend geschlagen.

61. n. Chr.
Zerstörung des druidischen Heiligtums auf der Insel Angelsey vor der walisischen Küste durch römische Legionen.

Hexen, weise Frauen und Priesterinnen

In fast allen Kulturen existiert neben der offiziellen Variante des Glaubens eine weitere, sozusagen inoffizielle Ausprägung, die sich mit Ersterer meist mehr oder weniger stark vermischt oder seltener auch gänzlich unabhängig von ihr auftritt. Gemeint ist hier der Aberglaube in zahllosen Facetten. Eine herausragende Rolle in diesem Zusammenhang spielen die so genannten Hexen. Der Begriff „Hexe“ wird seit der Christianisierung und teils schon davor zumeist mit Schwarzer Magie und den Mächten der Finsternis in Verbindung gebracht. Erst in neuester Zeit hat sich diese Sichtweise im Zuge der Frauenbewegung und der Neoheiden verändert.

Keltische Kultstätte auf den Scilly Islands vor der Küste Cornwalls.

Bereits im babylonischen ***Codex Hammurabi*** begegnet man dem Begriff der schadensstiftenden Hexe. Auch im Alten Testament findet sich die Überzeugung, dass es Hexen gibt. Bekannt ist die Hexe von Endor, eigentlich eine Totenbeschwörerin, die den Geist des Samuel aus der Unterwelt hervorrief (1. Samuel 28, 3–25), sowie die Ermahnung: „Eine Hexe sollst du nicht am Leben lassen“ (Exodus XXII, 7). Im antiken Griechenland galt Hekate als Göttin der Hexen, und im römischen Zwölftafelgesetz aus der Zeit um 450 v. Chr. ist von Hexen die Rede, die Feldfrüchte verderben können. Die antike Literatur spricht immer wieder von ***sagae*** oder ***striges*** (Hexen, die sich in Nachteulen verwandeln), ***lamiae*** (vampirischen Kinderräuberinnen), ***venficiae*** (Giftmischerinnen) und ***tempestarii*** (Wetterhexen). Natürlich fehlt bei allen antiken Hexen das Element des Satanismus, welches spezifisch für die christliche und jüdische Tradition ist.

Keltische Magierinnen

Auch für den keltischen Raum gibt es Hinweise auf Hexen und Magierinnen. Diese Frauen waren keine Priesterinnen im herkömmlichen Sinne, sondern bewegten sich am Rande der keltischen Religion und trachteten danach, Menschen und Geschehnisse mittels ihrer angeblichen Fähigkeiten zu beeinflussen.

In irischen und walisischen Texten tauchen immer wieder Hexen auf: Eine der frühesten bekannten Sagen aus Wales ist die Geschichte von Peredur. Diese Sage ist Teil einer größeren, aus elf Teilen bestehenden frühmittelalterlichen Textsammlung, dem ***Mabinogion***, von dem man annimmt, dass es eng mit der keltischen Überlieferung zusammenhängt. Peredur, der als eine Art walisischer Parzival zahlreiche Abenteuer zu bestehen hat, begegnet in einer Episode den neun Hexen von Gloucestershire. Als er erfährt, dass diese Hexen für den Tod seines Vetters und die Verkrüppelung seines Onkels verantwortlich waren, tötet er eine nach der anderen.

Eine irische Sage, in der Hexen auftauchen, ist die bereits erwähnte Geschichte ***Tain Bô Cualgne (Der Rinderraub von Cooley)***, in der die Königin Medb sechs Kinder verstümmelt und in Hexen und Hexer verwandelt, welche nach der Perfektionierung ihrer Kunst in der Fremde zurückkehren und Medbs Feind, den Helden Cu Chulainn, töten.

Archäologische Beweise?

Ungleich schwieriger als in den einschlägigen Texten lässt sich die Existenz bzw. der Glaube an Hexen archäologisch nachweisen, doch es gibt einige Hinweise, die eben darauf schließen lassen. Bei Ausgrabungen auf einem britannisch-römischen Friedhof aus dem 4. Jahrhundert n. Chr. bei Lankhills (Winchester) fanden sich die Leichen mehrerer alter Frauen, denen man den Kopf abgetrennt und neben die Beine gelegt hatte. Dieses Vorgehen wird unterschiedlich gedeutet: Mitunter wird behauptet, dieses Ritual habe verhindern sollen, dass die Toten wiederkehren oder aber dass es den Übergang in die Anderswelt erleichtern solle, denn auch sonst finden sich vereinzelt Männer- und Kinderleichen, mit denen Ähnliches geschah. Aber wie auch immer: Dieser Ritus war nicht gängige Praxis und deutet auf eine Besonderheit hin. Eindeutiger zu bewerten ist jedoch der Fund einiger Leichen älterer Frauen auf einem Friedhof aus dem 3. Jahrhundert n. Chr. bei Kimmeridge (Dorset). Diesen hatte man nicht nur den Kopf entfernt und ihn neben den Beinen platziert, sondern auch noch den Unterkiefer. Warum entfernt man einer Leiche den Unterkiefer? Wahrscheinlich, um die Tote am Sprechen zu hindern. Vielleicht waren die Verstorbenen dafür bekannt, Flüche und Verwünschungen auszustoßen, und man wollte verhindern, dass sie dies auch im Grab oder im Jenseits taten. Neben den Toten fanden sich zudem noch Teile von Handspindeln, so genannte Spinnwirtel. Sowohl in der antiken römischen als auch keltischen Religion wird das Spinnen oft mit der Gestaltung des Schicksals und das Zerschneiden des Spinnfadens mit dem Tod oder der Beendigung eines fremden Lebens gleichgesetzt. Wurden diesen Frauen ähnliche Fähigkeiten zugeschrieben?

Einen eindeutigen Hinweis auf keltische Hexen lieferte der Fund eines Bleitäfelchens im Larzac in Südfrankreich im Jahr 1983. Auf diesem Täfelchen fand sich einer der längsten bekannten Texte in keltischer Sprache, der jedoch in lateinischen Buchstaben abgefasst war. In 160 Wörtern wird auf diesem Täfelchen vom Kampf zweier rivalisierender Gruppen von Hexen berichtet (im Text „mit Magie Begabte" genannt), die einander durch ihre magischen Kräfte Schaden zufügen wollen und bösen Zauber durch weise Frauen aufheben lassen. Das Fundstück lag auf einem Tongefäß mit den sterblichen Überresten einer Frau und gewährt einen faszinierenden Einblick in eine längst vergangene Welt, in der es offenbar in Gruppen oder Gilden organisierte Hexen oder Magierinnen gab, die einander bekämpften und dabei auch andere Frauen – vielleicht tatsächliche religiöse Würdenträgerinnen, weise Frauen oder Seherinnen – zu Hilfe riefen.

Seherinnen und Prophetinnen

In den irischen Sagen bedeutet „weise Frau" meist Seherin oder Prophetin. Diese Gestalten treten recht häufig auf, z. B. die Dichterin und Prophetin Fedelma und die Seherin Scathach. Beide finden sich in der Sage ***Tain Bô Cualgne***, wobei Fedelma Königin Medb mehrfach vor Cu Chulainn warnt und Prophezeiungen über den Verlauf von Schlachten abgibt. Scathach, deren Name „die Schattenhafte" bedeutet und damit auf die Welt der Geister und Dämonen verweist, gibt wie Fedelma Prophezeiungen über Kriege und Schlachten ab, betreibt jedoch gleichzeitig eine Art von Akademie für junge Krieger und bildet diese aus, auch den jungen Cu Chulainn.

Im Fen-Zyklus wird berichtet, wie der Held Finn von zwei weisen Frauen – eine davon wird ausdrücklich als Druidin beschrieben – erzogen wird. Auch in anderen irischen Texten taucht des öfteren die Vorsilbe ***Ban*** auf, was Frau bedeutet, sodass man die eindeutig weiblichen Formen ***Bandrui*** und ***Banfilidh*** finden kann.

Die Historia Augusta

Im römischen Raum findet sich die Bezeichnung „Druidin" erstmals in einer Textsammlung aus dem späten 4. Jahrhundert n. Chr., der ***Historia Augusta***. Diese Lebensbeschreibung von 30 römischen Kaisern soll von sechs Autoren verfasst worden sein. Sie zählt jedoch, um es vorsichtig auszudrücken, zu einer der umstrittensten Quellen der Antike. Der große Althistoriker des 19. Jahrhunderts, Theodor Mommsen, ist in seinem Urteil weniger zurückhaltend: „Eine der elendsten Sudeleien, die wir aus dem Altertum haben", so lautete sein Urteil über die ***Historia Augusta*** auf Seite 281 der Ausgabe 25 der Zeitschrift „Hermes" von 1890.

Sehr viele, wenn nicht gar alle der in der ***Historia Augusta*** zitierten Dokumente sind nachweislich nicht echt; auch einige der Gewährsmänner, die der Text nennt, sind fiktiv. Die historische Verlässlichkeit der ***Historia Augusta*** wird daher in großen Teilen angezweifelt. Einer der Autoren, Flavius Vopiscus, beschreibt die Begegnung des Kaisers Diokletian (236/245–313/316 n. Chr.), mit – wie er sie nennt – einer Druidin ***(Dryadae)***.

Es lohnt sich, diese Begegnungen näher zu betrachten: Diokletian soll, als er noch als Soldat diente, eine Rechnung in einer Taverne sehr geizig beglichen haben. Daraufhin sei eine anwesende Druidin hinzugekommen und soll ihn ob seiner Knauserigkeit gescholten haben. Diokletian soll scherzhaft erwidert haben, wenn er erst Kaiser sei, werde er freigiebiger sein, noch aber habe er nichts zu verschenken. Die Druidin sagte ihm daraufhin weis, er müsse erst einen ***aper*** (Eber) töten, dann stünde ihm der Kaisertitel zu. In der Tat musste Diokletian zunächst den Präfekten der Prätorianergarde aus dem Weg räumen, um Kaiser zu werden. Dieser

Präfekt hieß *Aper*. Eine hübsche Anekdote, doch würde man von einer gebildeten, hochangesehenen, ranghohen Druidin wirklich erwarten, dass sie sich in den gleichen Spelunken herumtreibt wie römischeSoldaten? Und dann auch noch deren Tun kommentiert?

Ein weiterer Autor der ***Historia Augusta***, Aelius Lampridius, schildert die Begegnung des Kaisers Severus Alexander (208–235 n. Chr.) mit einer Druidin. Auf den Weg zum Feldzug gegen die Germanen soll eine Druidin dem Kaiser auf Keltisch zugerufen haben: ***„Zieh hin, doch hoffe nicht auf einen Sieg und hüte dich vor deinen eigenen Soldaten!“*** Severus wurde nach dem gescheiterten Feldzug tatsächlich von seinen eigenen meuternden Truppen ermordet. Auch hier werfen sich wieder einige Fragen auf: Hätte eine gebildete Druidin, die zu jener Zeit doch wohl des Lateinischen, der Sprache des Reiches, mächtig gewesen wäre,

In der keltischen Religion wird das Spinnen oft mit der Gestaltung des Schicksals und das Zerschneiden des Spinnfadens mit dem Tod oder der Beendigung eines fremden Lebens gleichgesetzt.

den Kaiser nur auf Keltisch gewarnt? Und hätte sie ihm die Warnung dann tatsächlich wie ein Straßenweib vom Wegesrand aus zugerufen, oder hätten ihr nicht andere, vielleicht schriftliche Möglichkeiten offen gestanden, dem Kaiser seine Gefährdung vor Augen zu führen? Selbst wenn man sich in Erinnerung ruft, welche Macht die Druiden dem gesprochenen Wort zumaßen, erscheint dieses Szenario doch einen unwürdigen Rahmen für eine druidische Prophezeiung abzugeben. Wenn diese Anekdoten überhaupt ein wenig Wahrheit enthalten, dürfte es sich eher um Wahrsagerinnen oder um Hexen als um tatsächliche Druidinnen gehandelt haben.

Priesterinnen in Gemeinschaft

Wesentlich wahrscheinlicher und glaubwürdiger sind dagegen die Berichte über ein Heiligtum auf der Insel Sena (vermutlich die Scilly-Inseln vor der Westspitze Cornwalls), über das Pomponius Mela schreibt. Laut Mela gab es auf dieser Insel ein Orakel, das von neun jungfräulichen Priesterinnen gehütet wurde. Diese Priesterinnen seien fähig gewesen, die Zukunft vorherzusagen, Krankheiten zu heilen und den Elementen zu gebieten. Interessant ist bei dieser Beschreibung die Zahl Neun. Wie wir bereits erfahren haben, war die Drei den Kelten heilig. Gleiches galt auch für die Neun und die Siebenundzwanzig als Mehrfaches der Drei.

Ein früher walisischer Mythos in Gedichtform ***(Preiddu Annwfn)***, der uns in einem Text aus dem Mittelalter erhalten ist, berichtet über die Reise des König Artus nach Annwn, wo er dem König einen Zauberkessel rauben will. Dieser Kessel wird von neun Jungfrauen gehütet, die ihn mit ihrem Atem zum Kochen bringen können. Die Parallele zwischen Melas neun Jungfrauen und der gleichen Anzahl Jungfrauen im walisischen Mythos mag ein schlichter Zufall sein, doch spricht die Betonung der Keuschheit der Hüterinnen des Orakels und des Kessels sowie die Heiligkeit der Drei und ihrer Mehrfachen für eine gemeinsame Wurzel.

Eine weitere Beschreibung einer Gemeinschaft von Priesterinnen auf einer Insel – dieses Mal allerdings vor der Mündung der Loire und ganz und gar nicht jungfräulich – liefert uns Strabon. Er berichtet, dass die Priesterinnen zwar keine Männer auf der Insel duldeten, sich jedoch, so sie das Verlangen nach einem Mann überkam, auf das Festland begaben, um sich dort mit einem Mann ihrer Wahl zu vergnügen. Strabon erwähnt des Weiteren einen ganz speziellen Ritus: ***„Es ist Brauch, jährlich einmal das Dach des Tempels abzudecken und vor Sonnenuntergang des gleichen Tages wieder zu bedecken, wozu jede von ihnen eine Ladung herbeiträgt; diejenige aber, welcher die Ladung hinfällt, wird von den anderen in Stücke gerissen. Diese tragen danach die Stücke unter Jubelrufen um den Tempel, nicht nachlassend, bis sich ihre Wut gelegt hat. Immer aber geschieht es, dass eine von ihnen dieses Schicksal erleiden muss.“*** (Geographie, IV, 6)

Bildnisse und Statuen

Es gibt nicht besonders viele archäologische Belege für das Vorhandensein keltischer Priesterinnen, und die wenigen, die wir kennen, lassen keinen eindeutigen Schluss darüber zu, ob es sich um Druidinnen handelt oder nicht.

Der Kultwagen von Strettweg aus dem 7. Jahrhundert v. Chr. dürfte eines der ältesten und eindrucksvollsten Beispiele sein. Dieses bronzene Modell eines Wagens zeigt eine nackte,

Das Boudicca-Denkmal in London.

hoch aufragende Frau, die einen Kessel über ihrem Haupt hält. Sie ist umgeben von kleinen Statuetten, die Menschen und Tiere darstellen, darunter zwei Hirsche, Reiter und Fußsoldaten. Wenn diese Frauengestalt keine Göttin ist, könnte sie durchaus eine Priesterin sein. Auf Gefäßen aus dem östlichen Bereich der Hallstattkultur (Sopron und Umgebung) werden Frauen oft in tanzender, betender und/oder opfernder Position gezeigt.

Aus dem 1. Jahrhundert n. Chr. stammt eine Holzdarstellung einer Dame mit Halsreif und Schleier. Diese Figur fand sich in einer ehemaligen Heilquelle in Chamalieres, Zentralfrankreich. Dort fanden sich Tausende hölzerner Figürchen, meist die Darstellung menschlicher Körperteile, für die man sich Heilung erhoffte. Diese Statue aus Eichenholz war also etwas Besonderes und stellt möglicherweise eine der Priesterinnen des Heiligtums dar. Oder doch eine Göttin?

Aus gallorömischer Zeit sind einige Darstellungen bekannt, die sehr wahrscheinlich Priesterinnen zeigen, so z. B. eine junge Frau auf dem Seitenflügel eines Altars der Muttergöttin, den man bei Bonn fand. Diese junge Frau trägt eine Blumengirlande und eine Schale voller Obst als Opfergabe. Des Weiteren kennen wir den Grabstein einer Ärztin sowie die Darstellung einer Flötenspielerin. Nicht sicher ist man sich bei der Figur einer Harfenspielerin, denn die Darstellung ist so ungenau, dass es auch ein Harfenspieler sein könnte. Doch würde dies auf Frauen in der Rolle der Barden hinweisen.

Gab es nun Druidinnen oder nicht?

Gab es nun Druidinnen oder nicht? Nehmen wir die inselkeltischen Sagen und Mythen zum Maßstab, so dürfte die Antwort ja lauten, denn dort ist häufig genug von ihnen die Rede.

Doch warum liegt dann kein einziger glaubwürdiger Bericht über Druidinnen aus der Antike vor? Alle uns bekannten antiken Autoren sprechen nur von Männern, wenn sie explizit Druiden meinen. Ziehen wir als bestes Beispiel noch einmal Caesar zu Rate: ***„In ganz Gallien gibt es nur zwei Klassen von Männern, die an einigermaßen hervorragender und ehrenvoller Stelle stehen … Von den erwähnten zwei Klassen ist die eine die der Druiden, die andere die der Ritter … Eine große Zahl von jungen Männern sammelt sich bei ihnen zum Unterricht, … An der Spitze aller Druiden steht ein Mann, der den höchsten Einfluss unter ihnen genießt. Stirbt er, so folgt ihm entweder der nach, der unter den übrigen das höchste Ansehen besitzt, oder aber sein Nachfolger wird von den Druiden gewählt …“*** (De Bello Galico, VI, 13)

Wie wir sahen, werden dagegen Hexen, Seherinnen und Priesterinnen durchaus erwähnt, doch erscheint das Amt des Druiden – zumindest zu jener Zeit und im gallischen Raum – für Männer reserviert gewesen zu sein.

Welchen Grund hätten die antiken Autoren, etwas Derartiges zu verschweigen? Aufgefallen wäre es ihnen sicherlich, denn bei der Beschreibung der Verhältnisse bei den Germanen haben weder Caesar noch Tacitus Probleme zu erwähnen, welche herausragende Stellung dort Frauen als Beraterin von Heerführern und Königen oder als Seherinnen innehatten. Dazu Tacitus über die germanische Seherin Veleda: ***„Diese eine Jungfrau aus dem Stamm der Bructerer besaß eine ausgebreitete Herrschaft nach althergebrachter Sitte der Germanen, wonach viele Frauen für Prophetinnen und, bei steigendem Aberglauben, für Göttinnen gehalten wurden. Und das Ansehen Veledas wurde damals immer größer,***

denn sie hatte den Germanen Glück und die Vernichtung der Legionen vorausgesagt." (Historien IV, 61)

Auch das Argument, patriarchalisch geprägte Autoren hätten Druidinnen bewusst verschwiegen, läuft ins Leere, denn warum hätten griechische und römische Autoren dann über die Sage der Amazonen oder matrilineare Verhältnisse in Kleinasien berichten sollen?

Es kann daher als gesichert angesehen werden, dass Frauen in jenem Zeitraum und Gebiet, über das uns die antiken griechischen und römischen Autoren berichten, sehr wohl als Hexen, Seherinnen und Priesterinnen tätig, die eigentlichen hochrangigen Druiden jedoch männlich waren. Die Vermischung politischer und religiöser Pflichten der Druiden macht dieses in einer grundsätzlich – bis auf Ausnahmen – patriarchalischen Gesellschaftsordnung sehr wahrscheinlich.

Auf den Britischen Inseln wiederum scheint sich die Lage anders dargestellt zu haben, man denke nur an Boudicca und Cartimandua. Auch die irischen Mythen und Sagen bestätigen ja das Vorhandensein von Druidinnen ***(Bandrui und Banfilidh)***.

Dass wir abschließend keine endgültige Antwort auf die Frage, ob es Druidinnen gab oder nicht, geben können, zeigt einmal mehr, wie wenig im Grunde über diese Thematik bekannt ist. Vieles bleibt Vermutung oder bloße Wahrscheinlichkeit.

OPFERRITUALE UND PROPHEZEIUNGEN

Die Landschaft in Südwales, ein reicher Fundort keltischer Artefakte.

Opferplätze der Kelten

Um Überschwemmungen zu verhindern und größere Flächen landwirtschaftlich nutzbar zu machen, führte man in der Schweiz ab 1868 die so genannte Juragewässerkorrektur durch. Auch der Neuenburgersee war von dieser Maßnahme betroffen. Als sich der Wasserspiegel dort nach und nach immer mehr senkte, kamen erstaunliche Dinge zu Tage. Insgesamt fanden sich im schlammigen Seeboden über 2.500 keltische Artefakte, metallene Waffen und Werkzeuge, Schilde, Helme, bronzene und tönerne Gefäße, Figuren, ja sogar ganze Eisenbarren. Man hatte einen der größten keltischen Opferplätze gefunden, aufgrund dessen Reichhaltigkeit und Vielfalt ein ganzer Abschnitt der keltischen Geschichte benannt wurde: La Tène.

Wie Untersuchungen zeigten, hatten vom 3. bis zum 1. Jahrhundert v. Chr. Menschen dort ihnen wertvolle Dinge in den See geworfen, um sie ihren Göttern zu opfern. Dafür sprach, dass fast alle Waffen und Geräte offenbar mit Absicht zerbrochen worden waren. Auf diese Art vollbrachte man zwar ein wertvolles Opfer und weihte den Göttern ein wertvolles Objekt, verhinderte jedoch zugleich, dass Frevler sich an noch intakten Opfergaben bereichern konnten.

Einen ähnlichen Ort wie La Tène gab es um 600 v. Chr. bei Llyn Fawr in Südwales. Im dortigen See fand man 1911 und 1912 zwei große Bronzekessel, Schwerter sowie Eisen- und Bronzegegenstände. Viele der gefundenen Artefakte stammten offenkundig nicht aus Wales, was nur bedeuten konnte, dass dieser See entweder eine überregional bekannte heilige Stätte war oder die Opfergaben Kriegsbeute waren, die man den Göttern als Dank für einen erfolgreichen Feldzug verehrte. Offenbar versenkten die Kelten Opfergaben an ihre Götter mit Vorliebe in Teichen und Seen.

Auch die antiken Autoren stützen diese These, so schreibt Strabon: ***„Die in Tolossa (Toulouse) vorgefundenen Schätze betrugen ... etwa fünfzehntausend Talente; zum Teil waren diese in Tempeln verwahrt, zum Teil aber auch in heiligen Teichen .... wo die Schätze sich häuften, da viele dort Weihegaben darbrachten und niemand wagte, diese anzurühren.“*** (Geographie, IV, 1, 13).

Noch im späten 6. Jahrhundert n. Chr. berichtet Gregor von Tours, zu jener Zeit Bischof der Stadt Tours, von einem dreitägigen Fest in Südgallien, bei dem als Gabe für die Götter Tiere, Kleidung, Nahrung, Getränke und Werkzeuge in den See Gevaudan geworfen wurden. Offenbar hielt sich die alte keltische Sitte, Votivgaben in Seen und Teichen zu versenken, noch über die römische Zeit hinaus bis in die christliche Epoche hinein.

Opfern als alltägliches Ritual

Opfer jeder Art gehörten zu den alltäglichen Ritualen keltischer Religion Es gab allem Anschein kaum etwas, das den Kelten nicht als Opfer hätte dienen können, von ganz alltäglichen Haushaltsgeräten und Nahrungsmitteln über die rituelle Schlachtung von Tieren bei Krankheiten, Unfällen oder sonstigem Unglück, der Darbringung des Familienschatzes, um schwerste Bedrohungen abzuwenden, bis hin zum Menschenopfer. Vor allem Opfer größeren Ausmaßes wurden an Kultstätten unter Anleitung und Aufsicht von Druiden vorgenommen und häufig mit einer Pilgerfahrt verbunden. Nicht nur in Gewässern, sondern auch in Mooren, auf Bergen und in Höhlen wurden beträchtliche Ansammlungen von Votivgaben gefunden, die dort den Göttern übereignet worden waren.

In der keltischen Vorstellung bringt ein geflügeltes Pferd den Tapferen in die Anderswelt.

Neben den Opfern, die einen akuten Anlass, z. B. eine Notlage, hatten, gab es Routineopfer. Dies konnte z. B. das allabendliche Aufstellen einer Schale Milch für nachts umherstreifende Feen bedeuten, schloss aber auch die Opfer zu den Jahreszeitenfesten ein. Bei diesen feierte die Gemeinschaft durch die Opferung von Getreide und Vieh und mit einem Festmahl. Diese Opfer wurden, ebenso wie die anderen Opfer an Kultstätten, von Druiden vorgenommen.

Die Kriegsbeute eines erfolgreichen Feldzuges wurde nach dem Sieg entweder in Tempeln oder anderen Kultplätzen als Dank für die göttliche Unterstützung im Kampf abgelegt und war sakrosankt: Sie anzutasten war bei strengster Strafe verboten. Dies berichtet auch Caesar: ***„In der Regel weihen sie ihm [Mars] das, was sie im Krieg erbeuten werden, wenn sie sich zu einer Schlacht entschlossen haben. Haben sie gesiegt, so opfern sie ihm alle erbeuteten Lebewesen, das Übrige tragen sie an einer Stelle zusammen. Bei vielen Stämmen kann man an geweihten Orten Hügel sehen, die sie aus diesen Beutestücken errichtet haben. Es geschieht nur selten, dass einer sich gegen die Religion vergeht und Beute bei sich versteckt oder aber wagt, Weihgeschenke wegzunehmen, wenn sie schon niedergelegt worden sind. Auf diese Tat steht als Strafe härteste Folter und Tod.“*** (De bello Gallico, VI, 17)

Eine Beziehung zu den Göttern

Doch was wollten die Kelten mit dieser Praxis überhaupt erreichen? So gut wie alle Religionen kennen Opferrituale, welche das Darbringen von für den Menschen wertvollen Objekten jeglicher Art an eine übernatürliche oder göttliche Macht beinhalten. Dies können neben Göttern auch Geister oder Ahnen sein.

Zum einen verlangten die Götter nach Aufmerksamkeit, denn wenn sie diese nicht erhielten, machten sie sich zornig bemerkbar. Zum anderen versuchten die Menschen, mittels der Opfer Beziehungen zu ihren Gottheiten aufzunehmen. In einer unsicheren, oftmals unerklärbaren Welt, die aus Sicht des Opfernden von übernatürlichen Wesen und Kräften beherrscht wird, kann es geradezu überlebenswichtig sein, mit diesen in Kontakt zu treten und sie positiv zu beeinflussen. Opferhandlungen unterschiedlichster Ausprägung finden sich bei fast allen Kulturen der Menschheit. Auch die griechisch-römische Kultur der Antike bediente sich in hohem Maße dieses Rituals, um mit ihren Göttern Verbindung aufzunehmen.

Für die Kelten waren rituelle Opfer ein essenzieller Teil ihrer religiösen Praxis. Die Gemeinde feierte bei Opferhandlungen praktisch eine Art Gottesdienst. Nur wer daran teilnahm, war auch Teil der Gemeinschaft und konnte Sicherheit und Schutz erwarten. Die schwerste Strafe war daher der Ausschluss von diesen Opferhandlungen und damit vom religiösen Leben, ähnlich der katholischen Exkommunikation des Mittelalters, wie auch bei Caesar zu lesen ist: ***„Wenn sich ein Privatmann oder das Volk nicht an ihre Entscheidungen halten, untersagen sie [die Druiden] ihm die Teilnahme an den Opfern. Diese Strafe gilt bei ihnen als die schwerste, denn die, denen die Teilnahme untersagt ist, gelten als Frevler und Verbrecher, alle gehen ihnen aus dem Weg und meiden den Umgang und das Gespräch mit ihnen, damit sie nicht durch ihre Berührung Schaden erleiden.“*** (De bello Gallico, VI, 13)

Die Übeltäter waren dazu verdammt, ohne soziale Kontakte oder die Möglichkeit der Hilfe durch andere allein ihr Leben zu fristen, was in der damaligen Zeit praktisch einem Todesurteil auf Raten gleichkam.

Tieropfer

Als Opfergaben dienten, wie bereits erwähnt, nicht nur leblose Objekte, sondern auch Lebewesen. Dies ist kein Wunder, stellen in einer agrarischen Gesellschaft die domestizierten Tiere doch oft den wertvollsten Besitz dar. Diese Praxis lässt sich archäologisch für die gesamte keltische Welt belegen. Geopferte Haustiere finden sich weit häufiger als Wildtiere, wohl weil sie wertvoller für die Opfernden waren und daher eine größere Gabe an die jeweilige Gottheit darstellten. Grundsätzlich gab es zwei Arten von Tieropfern: Entweder wurde das getötete Tier als Ganzes bestattet oder rituell verbrannt, damit der Rauch seines Fleisches in die Gefilde der Götter aufsteigen konnte, oder aber nur ein Teil wurde den Göttern überlassen, und die Opfernden – oder die Gemeinde insgesamt – verspeisten das Fleisch des Opfertieres.

Opfer für den König

Bei einem Ritual, das mit der Wahl eines neuen Königs in Verbindung stand, opferte man einen weißen Stier. Ein Mann, wohl ein Druide, aß dann das Fleisch des Tieres und trank die daraus zubereitete Brühe. Danach legte er sich nieder und schlief, wobei ihm im Traum der zukünftige König erschien. War der neue König gefunden, wurde im Zuge seiner Inthronisation das Fleisch der Opfertiere jedoch nicht nur verzehrt, sondern daraus auch eine Brühe gekocht, in welcher der neue Herrscher badete. Von einem besonderen Ritus berichtete Giraldus Gambrensis, der im 12. Jhd. eine Königsweihe in Ulster (Irland) miterlebte. Laut Gambrensis hatte der neue König sich mit einer weißen Stute sexuell zu vereinen, die daraufhin geopfert

Zur Wahl eines neuen Königs opferte man einen weißen Stier.

wurde. Danach badete der neue Herrscher in einem Sud, gekocht aus dem Fleisch des Tieres, und aß es. Vermutlich sollte dieses Ritual dazu dienen, sich die Lebenskraft des geweihten Tieres einzuverleiben, damit diese dem Reich in Form von Fruchtbarkeit und Wohlstand zugutekommen konnten.

Die Bedeutung von Pferden als Opfer

Pferde spielten ohnehin sowohl in der keltischen Mythologie als auch im Alltag eine besondere Rolle und waren daher als Opfertiere sehr beliebt. Pferde zogen den Sonnenwagen über den Himmel, und nach keltischer Vorstellung bringt ein geflügeltes, dem Pegasus ähnliches Pferd den Tapferen in die Anderswelt. Pferde waren unentbehrliche Begleiter der Krieger, sei es als Reittiere oder vor seinem Streitwagen, ohne sie wäre die keltische Adelsschicht kaum denkbar gewesen. Pferde waren kostbar und ein Statussymbol, denn den Reichtum eines Mannes erkannte man an seinen Pferden. Sie waren daher die ideale Gabe an die Götter. So finden sich auch zahlreiche archäologische Beweise für die Opferung von Pferden. Im gesamten keltischen Raum sind Pferdeskelette oder Teile davon, z. B. Schädel, als Weihe- oder Grabbeigaben belegt. So fanden sich bei Danebury (England) zahlreiche Gruben mit Überresten von Pferden, häufig gemeinsam mit denen von Hunden. Dies sollte nicht weiter verwundern, denn auch Hunde spielten in der Mythologie und im Alltag der Kelten eine wichtige Rolle. Der Hund galt als Symbol der Heilung, aber auch des Todes und war ein geschätzter Begleiter des Menschen bei der Jagd, im Krieg oder als Wach- und Haushund. Geopferte Hunde wurden aufgrund ihrer Symbolik häufig tief unter der Erde begraben, so fand man z. B. bei einem römisch-britannischen Tempel des 1. Jahrhunderts n. Chr. (Muntham Court, England) die Überreste mehrerer Hunde in einem gut 60 m tiefen Schacht. Mitunter wurde das Fleisch geopferter Hunde wohl auch verzehrt, wie man an den Knochen von bei Gournay und Ribemont-sur-Ancre in Frankreich gefundenen Tieren ablesen kann. Auch als Grabbeigabe finden sich Hunde recht häufig, wohl um ihren Herrn in die Anderswelt zu begleiten.

Auch Ochsen und Stiere wurden gern geopfert, bestes Beispiel sind ebenfalls Funde im Heiligtum von Gournay. Dort befand sich seit dem 4. Jahrhundert v. Chr. ein Oppidum des gallischen Stammes der Bellovaker. Bei Ausgrabungen fand man mehrere Erdgruben mit geopferten Waffen, aber auch eine große Grube mit den Skeletten von Ochsen sowie rituell geschlachteter Schweine, Schafe und Kälber. Ochsenschädel flankierten die Einfassung des Heiligtums. Bevor man diese dort anbrachte, entfernte man ihnen gezielt den Unterkiefer und den Nasenbereich. Warum dies geschah, ist jedoch unbekannt. Anhand der Funde in Gournay lässt sich belegen, dass dort etwa alle zehn Jahre zehn Ochsen mit Beilschlägen ins Genick getötet und geopfert wurden. Das Opferritual und das Vorgehen nach dem Tod der Tiere war so komplex, dass die Wissenschaft mit ziemlicher Sicherheit von der Beteiligung von Druiden ausgeht.

Menschenopfer

Antike Autoren – vor allem des 1. Jahrhunderts vor und nach Christi Geburt – beschreiben immer wieder Opferungen von Menschen bei den Kelten und verbinden diese oft mit den Druiden. Die Art und Weise der Tötung wird häufig in drastischen Worten beschrieben. Die Opfer

Drei Menhire in Belgien: Wurde an diesem Ort einst geopfert?

werden ertränkt, erdolcht, verbrannt, gepfählt, erhängt, mit Pfeilen erschossen oder gekreuzigt. Entsprechen diese Berichte der Wahrheit? War die Opferung von Menschen tatsächlich ein gängiges Ritual? Oder waren solche Beschreibungen rein politischer Natur, um die Eroberung gallischer Gebiete zu rechtfertigen? Entsprangen diese Darstellungen reiner Sensationsgier, waren sie wenig mehr als „Berichte", die man heute in Boulevardblättern lesen kann?

Nun, zumindest fast alle der uns bekannten Autoren jener Zeit berichten übereinstimmend von solchen Ritualmorden. Am bekanntesten ist sicher Caesars Beschreibung: ***„Alle gallischen Stämme sind sehr religiös, und aus diesem Grund opfern die, die von schwerer Krankheit befallen sind oder sich in Krieg und Gefahr befinden, Menschen anstelle von Opfertieren oder geloben solche Opfer. Die Druiden führen diese Opfer durch, denn die Gallier glauben, der Wille der unsterblichen Götter könne nur besänftigt werden, wenn für das Leben eines Menschen ein anderes eingesetzt werde. Auch von Staats wegen haben sie Opferbräuche von der gleichen Art.***" (De bello Gallico, VI, 16). Caesar stellt hier eine direkte Verbindung zwischen Menschenopfern und den Druiden her.

Der Weidenmann

Besonders grausam und abschreckend erscheint das von drei Quellen beschriebene Ritual des „Weidenmannes", einer großen, aus Holz, Heu und Weidenruten erbauten Figur, in welche lebende Menschen und Tiere eingesperrt und dann verbrannt worden sein sollen.

Caesar schreibt dazu: ***„Andere Stämme besitzen Opferbilder von ungeheurer Größe, deren Glieder durch Ruten untereinander verbunden sind. Diese füllen sie mit lebenden Menschen aus. Dann werden die Götterbilder von unten angezündet, sodass die Menschen in den Flammen umkommen. Sie glauben zwar, dass die Tötung von Menschen, die bei Diebstahl, Raub oder anderen Verbrechen gefasst wurden, den unsterblichen Göttern angenehmer ist, wenn es ihnen jedoch an solchen fehlt, gehen sie auch dazu über, Unschuldige zu opfern." (De bello Gallico, VI, 16).*** Nicht nur Caesar, auch Strabon überliefert uns diesem Brauch: ***„Auch errichteten sie einen Riesenkerl aus Heu und Holz, steckten Vieh, allerlei Tiere und Menschen hinein und verbrannten alles zusammen."*** (Geographie, IV, 4, 5). Neben diesen beiden antiken Autoren erwähnt auch ein mittelalterlicher Kommentator der Texte Lukans zum römischen Bürgerkrieg dieses Ritual.

Heute sind es Strohpuppen

Noch heute werden in manchen Gegenden Europas Strohpuppen in Menschengestalt zu Karneval oder Frühjahrfesten verbrannt – ein Brauch, der unweigerlich an den „Weidenmann" der Kelten erinnert. Doch ob dieser grausame Ritus real war, ist kaum feststellbar; archäologische Beweise zumindest liegen nicht vor. Innerhalb der Gemeinde der Keltologen und auch der kundigen Laien scheint die Diskussion über dieses Thema eher vom eigenen, oft recht emotionalen Standpunkt als von wissenschaftlichen Beweisen bestimmt zu werden.

Markale beispielsweise führt an, dass dieser Brauch lediglich ein Transformationsritual – eine Art von Wiedergeburt – habe darstellen sollen. Dabei seien nicht Menschen in eine Figur aus Weidenruten und Holz gesteckt worden, sondern hätten sich darunter in einem verborgenen, unterirdischen Raum befunden. Nachdem das Feuer verloschen sei, wären die Insassen dieses Raumes dann buchstäblich wie Phönix aus der Asche aus den rauchenden Überresten emporgestiegen. Markale spekuliert weiter, ob das Brennmaterial Hanf enthalten haben könnte, dessen europäische Variante zwar nicht so wirksam ist wie die orientalische, aber laut Markale doch stark genug, um den „Wiedergeborenen" und vielleicht auch den Zuschauern des Spektakels zu Visionen der Anderswelt zu verhelfen. Markale nimmt an, dass die Informationen über Menschenopfer auf Übertreibungen, Verleumdungen oder Fehlinformationen beruhen. Schließlich hätten die Römer aufgrund falscher Informationen über das Abendmahl auch die ersten Christen verdächtigt, Kannibalen zu sein bzw. Kinder zu verspeisen.

Daher, so Markale, seien auch die keltischen Rituale fehlinterpretiert worden. Im Druidentum habe es Menschenopfer nur in Form von Schein- oder Ersatzopfern, bzw. symbolischen Handlungen gegeben, welche die Idee der Wiedergeburt und Unvergänglichkeit des Lebens zum Ausdruck gebracht hätten. Er beruft sich dabei vor allem auf einige irische Sagen, in denen solche Scheinopferungen auftauchen, z. B. „Das Fest des Bricriu".

Markales Meinung entgegen stehen die zahlreichen antiken Autoren, die unabhängig voneinander und sehr detailliert teils grässliche Bräuche schildern.

Die Rolle der Druiden bei den Menschenopfern

Strabon berichtet uns von der Beteiligung der Druiden an Menschenopfern: ***„Nie opferten sie ohne Druiden. Auch andere Arten von Menschenopfern werden ihnen nachgesagt. Manche nämlich erschossen sie mit Pfeilen oder pfählten sie in ihren Tempeln."*** (Geographie, VI, 4, 5). Ähnliches weiß auch Diodor zu erzählen, ihm zufolge hielten die Gallier ***„alle Übeltäter fünf Jahre lang gefangen, um sie dann aufzuspießen und den Göttern zu opfern."*** (Historische Bibliothek V, 31).

Lucan (eigentlich Marcus Annaeus Lucanus, 39–65 n. Chr.) berichtet in seinem Werk über den Bürgerkrieg zwischen Caesar und Pompeius des öfteren von grausigen keltischen Ritualen: ***„Ihr [Gallier], die mit Menschenblut den wilden Teutates euch gnädig stimmt …"*** (Bellum Civile, I, 439–441) und deutet die Beteiligung der Druiden an: ***„Hohe Altäre für schreckliche Opfer waren [den hier verehrten Göttern] errichtet, grausig befleckt ein jeder Baum vom menschlichen Blute."*** (Bellum Civile, III, 404–424). Einem Berner Kommentator aus dem 9. Jahrhundert scheinen zu Lucans Text heute verschollene weitere Teile vorgelegen zu haben, denn er nennt für verschiedene keltische Gottheiten die jeweils angebrachte Form des Menschenopfers. So sollen Taranis Menschen durch Feuer, Esus durch Erdolchen und Teutates durch Ertränken geopfert worden sein.

Grausige Rituale

Eine ähnliche Szene wie Lucan beschreibt Tacitus, nachdem die römischen Legionen die Insel Anglesey erobert hatten: ***„Die heiligen Haine, welche grausigen Kulthandlungen dienten, wurden zerstört. Denn sie [die Druiden] hielten es für ihr heiliges Recht, das Blut der Kriegsgefangenen zu vergießen und den Willen der Götter aus den Eingeweiden der Toten zu lesen."*** (Annalen, XVI, 30). Plinius berichtet ebenfalls von derartigen Opferriten und deutet sogar Kannibalismus an. Cassius Dio, der einen Bericht über den Aufstand der Boudicca 60–61 n. Chr. verfasste, erwähnt darin die Tötung und Verstümmelung römischer Frauen zu Ehren der Siegesgöttin Andraste: ***„Und all diese Schrecklichkeiten [die Ermordung und Verstümmelung römischer Frauen] vollführten [die Britannier], indem sie gleichzeitig Opfer darbrachten, Festmähler abhielten und ihrer Tollkühnheit freien***

Dolmengrab in Legannary, Irland.

Lauf ließen. Dies taten sie sowohl an anderen heiligen Stätten, insbesondere jedoch im Hain der Andraste. Denn dies war ihr Name für Nike; und sie bezeugten ihr tiefste Verehrung." (Römische Geschichte, LXII, 7,39) . Dio beschreibt weiter sehr explizit, wie die Römerinnen gepfählt oder an Holzwände genagelt wurden und man ihnen diverse Körperteile abschnitt, um sie ihnen z. B. in den Mund zu stopfen.

Selbst lange nach der römischen Eroberung Galliens, so Pomponius Mela, kamen druidische Menschenopfer noch immer vor: ***„Obwohl sie keine Massenhinrichtungen mehr vornehmen, vergossen sie noch immer Blut auf ihren Altären.***" (De Choregraphica libri tres, III, 2).

Sind all diese Berichte erfunden oder maßlose Übertreibungen? Ist es tatsächlich keinem der römischen Autoren aufgefallen, dass Druiden nur „Scheinopferungen" durchführten?

Nun, auch irische Quellen decken die römische Sicht der Dinge. In Erzählungen über den heiligen Patrick und die ersten Missionare wird berichtet, wie diese den Menschenopfern ein Ende gesetzt haben sollen. Selbst die irischen und walisischen Sagen berichten vereinzelt von Forderungen nach dem Opfer eines Menschen, häufig eines Jungen, um etwa ein Bauwerk zu errichten ***(Merlin)*** oder ein Vergehen zu sühnen ***(Ségda*** bzw. ***Conn*** und ***Becuma).***

Archäologische Indizien

Leider liefert die Archäologie zwar keine eindeutigen Beweise für keltische Menschenopfer, dafür aber einige sehr überzeugende Indizien, welche ebenfalls die Berichte der römischen Autoren bestätigen.

Auf dem bereits erwähnten Kessel von Gundestrup, wahrscheinlich eine germanische Kriegsbeute ursprünglich keltischer Herkunft, findet sich eine Szene, die sehr wohl das Ertränken eines Opfers, vielleicht eines Kriegsgefangenen, zeigen könnte. Eine überlebensgroße Gestalt (ein Gott oder ein Priester?) taucht eine kleinere Figur in eine Art Kessel. Für die Darstellung eines Menschenopfers spricht, dass auf dem Kessel auch Stieropfer zu finden sind. Jedoch ist es auch möglich, dass hier verwundete oder tote Krieger in einen magischen Kessel getaucht werden, um so wieder geheilt zu werden bzw. aufzuerstehen.

Im Heiligtum von Gournay fanden sich nicht nur Gruben mit Waffen und Ochsen sowie weiteren Tieren, sondern auch die sterblichen Überreste mehrerer Menschen, die offenbar gewaltsam zu Tode kamen. Dies könnten natürlich gefallene Kelten sein, die man dort bestattet hat, wahrscheinlicher erscheint es in diesem Kontext jedoch, dass hier Kriegsgefangene, genauso wie die Ochsen und Waffen, den Göttern geopfert wurden. Diese Version stützt eine Beschreibung Diodors: ***„Auch die Kriegsgefangenen schlachteten sie als Opfer zu Ehren der Götter.“*** (Historische Bibliothek V, 32), sowie die von Livius, Strabon und Diodor bezeugte Praxis der Kelten, Feinden die Köpfe als Trophäen abzutrennen und als Votivgabe zu benutzen. Livius beschreibt die Enthauptung des römischen Generals Postumus, der 216 v. Chr. den norditalienischen Bojern in die Hände fiel, welche seinen vergoldeten Schädel angeblich als Kultgefäß benutzten. Zwei gallische Heiligtümer im unteren Rhonetal liefern klare Beweise für die Verwendung solcher Schädel an religiösen Stätten. Als Eingang zu einem Tempel befindet sich dort ein Portikus mit drei Säulen, in dessen Nischen die Schädel junger Männer lagen. Auch im Oppidum Endremont, im Gebiet des gallischen Stammes der Saluvier, das von den Römern Ende des 2. Jahrhunderts v. Chr. erobert und geplündert wurde, fanden sich mit Schädelskulpturen verzierte Säulen vor den Tempeln sowie echte Schädel im Inneren. Eine Abbildung aus einem dortigen Tempel zeigt eine Schädelsäule mit zwölf kiefernlosen Häuptern und Götterfiguren, die menschliche Schädel in den Händen halten, ganz so, als hätten sie das Opfer angenommen.

Moorleichen geben Aufschluss

Am aufschlussreichsten in dieser Hinsicht sind wohl die Funde zahlreicher Moorleichen, die eines gewaltsamen Todes starben und oftmals Spuren einer rituellen Behandlung aufweisen. Bestes Beispiel ist der so genannte Lindow-Mann, den Torfstecher 1984 in Lindow Moss südlich von Manchester in England fanden. Es handelte sich um die Leiche eines etwa 25 Jahre alten, gut genährten Mannes. Untersuchungen ergaben, dass er im 1. Jahrhundert n. Chr. getötet wurde. Schädel, Arme und Oberköper waren hervorragend erhalten, während der Unterkörper und die Beine wohl durch einen Torfbagger zerstört worden waren.

Der Lindow-Mann war bis auf ein Armband aus Fuchsfell nackt und verfügte zwar über einen kräftigen, muskulösen Körper, wies aber keinerlei Spuren harter körperlicher Arbeit auf. Daher entstammte er offenkundig dem Adel, wofür auch sein sorgsam gestutzter Schnurrbart und die gepflegten Fingernägel sprechen.

Interessant ist die Todesart des Mannes, denn er wurde dreimal getötet. Zunächst wurde er mit drei Schlägen auf den Hinterkopf betäubt, anschließend mit einer Schnur aus Sehnen und einem Stock erdrosselt, wobei ihm gleichzeitig ein Nackenwirbel gebrochen wurde. Dann stach man ihm mit einem Messer in den Hals, um ihn ausbluten zu lassen. Damit nicht genug: Man warf den wohl bereits Toten mit dem Kopf nach unten in einen flachen Moorteich. All diese Eigenarten deuten stark auf einen Ritualmord hin, allerdings gehen die Meinungen auseinander, ob es sich um ein Menschenopfer, die Hinrichtung eines Kriminellen oder um beides handelte. Die dreifache Tötung spricht jedoch stark für eine Opferung, denn wie wir bereits erfuhren, war die Drei ja eine heilige keltische Zahl. Auch der Mageninhalt des Toten spricht für diese Version, denn er bestand hauptsächlich aus gerösteten Getreidekörnern, Weizen, Kleie und einem Gerstenfladen, was absolut keine gängige Mahlzeit darstellte. Im Magen des Lindow-Mannes befanden sich zudem Pollen der heiligen Mistel. Nun sind Misteln für den Menschen jedoch giftig und können bei Verzehr Krampfanfälle auslösen, es ist daher unwahrscheinlich, dass diese Pollen versehentlich verzehrt wurden. Die Keltologin Anne Ross kommt zu dem Ergebnis, dass der Lindow-Mann nach druidischem Ritual den drei Göttern ***Esus, Teutates*** und ***Taranis*** geopfert wurde. Dafür spricht auch das völlige Fehlen einer Gegenwehr des Opfers. Offenbar hat es seinen Tod gefasst und ruhig hingenommen.

Die Höhle von Byci skála

Weit entfernt von Manchester befindet sich in Tschechien die Höhle von B˝cí skála, in der man eine ausgedehnte Weihe- und Opferstätte der Hallstattzeit fand. Seit 1872 wurden in dieser Höhle mehr und mehr keltische Artefakte gefunden, die auf eine rituelle Nutzung der Höhle hindeuteten, darunter Früchte, Kleidung, metallene und irdene Gefäße, Schmuck und Glas. Des Weiteren fanden sich in der Höhle die Überreste zweier Pferde, die man gevierteilt hatte. Doch damit nicht genug: Neben den Pferden entdeckte man 17 männliche und 23 weibliche Leichen. Ihre Altersspanne reichte von Kindern bis zu 60-jährigen Erwachsenen. Einige der Leichen waren geköpft worden, anderen fehlten Beine, Arme oder Hände. Auf einer kleinen, altarartigen Fläche fanden sich ein Schädel und eine Hand. Ein weiterer Schädel lag in einem Kessel, ein dritter war zu einer Trinkschale geformt.

Tief in der Höhle entdeckte man zudem über 5.000 Jahre alte Malereien, man darf also davon ausgehen, dass die Höhle von B˝cí skála bereits zu jener Zeit für kultische Zwecke genutzt wurde. Die Forschung geht bei den Leichen aufgrund der Fundumstände und der Lage der Überreste mit großer Sicherheit davon aus, dass es sich um Menschenopfer handelt.

Sehr wahrscheinlich sind auch Menschenopfer im Zuge von Bautätigkeiten. So fand man im Wall der eisenzeitlichen Festungsanlage von Cadbury Castle (England) die Leiche eines jungen Mannes, der dort in hockender Haltung und offenbar gefesselt bestattet worden war. Unklar ist allerdings, ob es sich um einen gefallenen Krieger handelt, dessen Geist der Verteidigung der Festungsmauer dienen sollte, oder um einen den Göttern bewusst geopferten Menschen. Parallelen zu diesem Fund gibt es jedoch in der Merlin-Sage, denn dort sollte der junge Ambrosius für den Turm Vortigerns geopfert werden. Auch in christlicher Zeit scheint es in Irland und Schottland noch zu solchen Opfern, wenn auch freiwilliger Natur, gekommen sein. Der Mönch Odran, so heißt es, ließ sich freiwillig unter dem Fundament der Kirche von Iona in Schottland begraben, um deren Fertigstellung zu beschleunigen, da Dämonen die Bautätigkeit behinderten. Nur sein Opfer konnte diese Dämonen vertreiben.

Im Grabhügel von Hohmichele (Baden-Württemberg) gefundene Gefäßt.

Familienopfer in der Pfalz

Ein weiteres Indiz für die Opferung von Menschen sind verschiedene Gräber, in denen nicht nur eine Person, sondern teils ganze Familien bestattet wurden. So fand man bei Hoppstädten (Kreis Kusel, Rheinland-Pfalz), zur La-Tène-Zeit Stammesgebiet der Treverer, ein Grab einer solchen Familie. Falls die Mitglieder dieser Familie nicht alle gleichzeitig verstorben sind, z. B. durch eine Epidemie, könnte man sich vorstellen, dass hier Frau und Kinder nach dem Tod des Familienoberhauptes getötet wurden, um ihm in die Anderswelt zu folgen.

Bei Altheim (Kreis Biberach, Baden-Württemberg) befindet sich der Grabhügel Hohmichele, in dem von späten 7. bis zur Mitte des 6. Jahrhunderts v. Chr. insgesamt 13 Grablegungen stattfanden, teils Erd- und teils Feuerbestattungen. Interessant ist, dass sowohl im Hauptgrab als auch in einem der Nebengräber des Hügels jeweils ein Paar aus Mann und Frau beigesetzt wurden. Starben beide gleichzeitig oder liegt eine Art von „Witwenverbrennung" vor, bei der die Frau ihrem Mann in den Tod folgte – oder umgekehrt? Eindeutig nachweisen lässt sich dies nicht und bleibt Spekulation.

Prophezeiungen

Zumindest ein Teil der Menschenopfer dürfte der Deutung der Zukunft gedient haben, wie Diodor zu berichten weiß: ***„Bei wichtigen Beratungen … weihen [sie] einen Menschen zum Opfer und stoßen ihm einen Dolch in Brust …, sinkt der Verletzte dann zu Boden, so nehmen sie aus der Art des Fallens, aus den Zuckungen der Glieder und dem Lauf des Blutes das Zukünftige wahr."*** (Historische Bibliothek V, 31). Die klassischen Autoren sind sich einig, dass die Deutung der Zukunft und Prophezeiungen eine der wichtigsten Aufgaben der Druiden darstellte. Dies geschah zum einen durch die Beobachtung diverser Opfer und ihrer Eingeweide und bzw. oder ihres Todeskampfes. Diese Opfer waren zumeist Tiere, mitunter aber auch Menschen. Eine weitere Möglichkeit bestand darin, das Verhalten von Tieren, besonders den Flug der Vögel, zu beobachten und daraus Schlüsse zu ziehen. Eine Praxis, die auch den römischen Auguren vertraut war. Cicero bestätigt diesen Brauch in einer Passage über den Druiden Diviaticus: ***„Und in Gallien gibt es die Druiden, von denen ich selbst den Haeduer Divitiacus kennengelernt habe, der behauptete, ihm sei die Naturwissenschaft … bekannt, und er könne teils durch Beobachtung des Vogelfluges, teils durch Mutmaßung Zukünftiges voraussagen."*** (De Divinatione I, 90)

Ein weiteres Beispiel für die seherischen Aktivitäten liefert Tacitus, der in seinen Historien erwähnt, dass Druiden Kaiser Vespasian weisgesagt hätten, die Zerstörung des Kapitols während der Kämpfe um die Kaiserwürde zwischen Anhängern Vespasians und Anhängern des Vitellius 69 n. Chr., sei ein Omen für den Untergang des Reiches und die darauf folgende Herrschaft der Völker, die nördlich der Alpen lebten. Tacitus tat dies als Wunschdenken ab, nicht ahnend, dass die Druiden rund 400 Jahre später Recht bekommen sollten.

Auch Dio Chrysostomus berichtet in seinen Texten von den prophetischen Gaben der Druiden. Hippolytus schreibt, die Druiden hätten, ähnlich den Anhängern des Pythagoras, die Zukunft mittels Zahlen und Chiffren gedeutet.

Zu dieser Aussage passt auch der uns bereits bekannte Kalender von Coligny. Interessant ist, dass dieser Kalender von großer Genauigkeit war und damit impliziert, dass die Druiden exakte Himmelsbeobachtungen und auch astrologische Vorhersagen tätigten. Aufschlussreich ist ebenfalls, dass die Monate jeweils mit der Bezeichnung „MAT(U)" oder ANM(ATU) gekennzeichnet waren, was „gut", bzw. „schlecht" bedeutet. Offenbar war dies ein Hilfsmittel, um druidische Vorhersagen zu erleichtern.

Auch in irischen Sagen und Mythen tauchen immer wieder Druiden als Propheten auf. Die bekannteste ist sicherlich der sagenhafte Cathbadh, Druide des Königs Conchobar, vom dem im Ulster-Zyklus die Rede ist. Cathbadh tritt immer wieder als Mahner und Prophet in Erscheinung. Von ihm stammen zahlreiche, das Schicksal Ulsters betreffende Weissagungen.

HEILIGTÜMER

Caesar (*„Alle gallischen Stämme sind sehr religiös.“* De bello Gallico VI, 16) und andere Autoren berichten, dass die Religion im Leben der Kelten eine große Rolle spielte. Andererseits erfahren wir aus ihren Texten kaum etwas über sakrale Bauten, wie wir sie uns vorstellen. Wir kennen griechische und römische Tempel, die Türme der christlichen Kirchen, jüdische Synagogen, die Minarette islamischer Moscheen, die Pagodenbauten des Buddhismus und die Tempel der Hindus, doch in welcher Art von Tempel versammelten sich die gläubigen Kelten? Wo hielten sich ihre Priester, ihre geistigen und spirituellen Führer, die Druiden, auf? Jean Markale verficht, stellvertretend für viele Keltologen seiner Generation, mit großer

Sicherheit folgende Ansicht: ***„Es ist nämlich keineswegs eine Theorie, sondern eine erwiesene Tatsache, dass die Kelten vor der römischen Eroberung und vor ihrer Assimilation ... keine Tempel gebaut haben.“*** (Die Druiden, S. 175). Waren die Tempel der Kelten also die freie Natur? Trafen sie sich allein in Wäldern und an heiligen Quellen? Neuere Erkenntnisse, insbesondere der Archäologie, stellen diese Ansicht jedoch infrage.

Wälder und Wasser

Tatsächlich befanden sich augenscheinlich viele der heiligen Plätze der Kelten und Druiden in der Natur, insbesondere in Wäldern, an Quellen, Flüssen oder auf Inseln. Dies entspricht dem keltischen Glauben, dass sich ihre Gottheiten, bzw. das Göttliche und Übernatürliche in der Natur offenbaren. Die gesamte Natur, insbesondere jedoch Bäume, waren für die Kelten nicht nur Materie und seelenlos, sondern Träger der Lebensenergie und daher heilig.

Folgerichtig waren zahlreiche keltische Kultplätze dort zu finden, wo man meinte, dass sich die Welt der Götter derjenigen der Menschen öffnete und umgekehrt: eine Waldlichtung oder ein ganzer Wald, an einem See, einer Quelle oder einem Fluss. Diese besonderen Orte nannten die Kelten ***nemeton***, ein Wort, dessen Wurzel sich auf ***Nemed*** (der Heilige) zurückführen lässt. Der Begriff ***nemeton*** findet sich in zahlreichen antiken Ortsnamen, z. B. Medionemeton auf den Britischen Inseln nahe des Antoniuswalls, dem galizischen Nementobriga und dem Drunemeton der Galater in Kleinasien. Nicht zuletzt geht auch Nanterre (in römisch-gallischer Zeit Nementodurum) auf die Wurzel ***nemeton*** zurück.

Heilige Bäume

Bäume waren den Kelten besonders heilig. Dies sollte nicht wundern, denn europäische Laubbäume symbolisieren doch in idealer Weise die druidische Lehre der Wiedergeburt, des Aufenthaltes in der Anderswelt und der Unsterblichkeit der Seele. Obwohl ein Baum im Herbst seine Blätter abwirft und damit zu sterben scheint, erwacht er nach einer Periode der Ruhe und Inaktivität – man könnte sagen: des Todes – im Frühjahr wieder zu neuem Leben. Seine Früchte dienen Mensch und Tier als Nahrung und spenden Energie und Kraft. Auf dem keltischen Festland und in England genoss die Eiche besondere Verehrung, wohl vor allem aufgrund ihrer Größe, Stärke und der Dauerhaftigkeit ihrer Holzes. Daher wurden Balken aus ihrem Holz häufig zum Bau fürstlicher Grabkammern verwendet. In Nordengland untersuchte keltische Gräber enthielten Eichenlaub und Zweige. Diese dienten wahrscheinlich dazu, dem Verstorbenen die Kraft der Eiche auch in der Anderswelt nutzbar zu machen.

In Irland trat die Eibe an die Stelle der Eiche. Dieser immergrüne Baum, von dem über 1.000 Jahre alte Exemplare nachgewiesen sind (z. B. bei Flintbek nahe Kiel), verfügt ebenfalls über ein ungemein dauerhaftes, widerstandsfähiges, aber zugleich flexibles Holz. Nicht ohne Grund war Eibenholz im Mittelalter besonders zur Waffenherstellung, z. B. für Bögen und Lanzen, gesucht. Auch die Wahrsage- und Zauberstäbe der irischen Druiden bestanden, so überliefern es die Sagen, aus Eibenholz. Das Holz der Eibe benutzte man aufgrund seiner Stärke auch gern für Türpfosten und tragende Teile von Möbeln. Doch nicht nur in Irland verehrten Kelten die Eibe: Der Name des gallischen Stammes der Eburonen leitet sich ebenfalls

Der Haselnussstrauch stand in einer besonderen Beziehung zu den Druiden und Sehern.

von dieser Pflanze ab. Auch die Namen anderer gallischer Stämme beziehen sich auf Bäume: So bedeutet der Name der Lemoviken ursprünglich „Ulmenvolk".

Der Haselnussstrauch genoss, zumindest in Britannien, ebenfalls besondere Verehrung, vielleicht aufgrund seiner energiereichen und kraftspendenden Früchte. Dieser Strauch stand auch in einer besonderen Beziehung zu den Druiden und Sehern. In Ashill in Norfolk (England) entdeckte man einen für rituelle Zwecke angelegten Schacht, in dem sich irdene Töpfe befanden, die man mit Haselblättern und Nüssen gefüllt hatte.

Kultstätten in heiligen Hainen

Inmitten der verehrten und für heilig befundenen Haine befanden sich daher oftmals die Kultstätten der Kelten. Über derartige Orte in Gallien berichtet z. B. auch Lucan an mehreren Stellen seines Werks über den Bürgerkrieg zwischen Caesar und Pompeius, den „Bellum Civile". Gemeint ist in diesen Textabschnitten ein Wald bei Marseille, den Caesar, wohl auch aufgrund der dort gerüchteweise ausgeführten Menschenopfer, fällen ließ. Allerdings gelang dies angeblich erst, als der Feldherr selbst zur Axt griff, denn seinen Legionäre scheuten sich wegen der finsteren und unheimlichen Aura des Ortes, Hand an diesen zu legen. Dieser Wald enthielt Götterbilder, und ein besonderer Druide versah dort Dienste zu Ehren der örtlichen Gottheit. ***„Das Volk näherte sich niemals der Kultstätte, denn sie war ausschließlich den Göttern vorbehalten. ... Selbst die Priester scheuten sich davor, dem Herrn des heiligen Waldes zu begegnen. ... Diesen heiligen Hain ließ Caesar mit Axthieben fällen."*** (Bellum Civile, III, 339-427). Lucan schreibt weiter: ***„Die Druiden wohnten in den Tiefen des Waldes oder zogen sich dorthin zurück, wo es keine anderen Menschen gab. Sie führten barbarische Rituale und einen düsteren Kult aus. ... Ihre Götter beteten sie in Wäldern an, ohne für diesen Zweck Tempel zu nutzen."*** (Bellum Civile, III, 452 ff.)

Der Hinweis auf die Zurückgezogenheit der Druiden mag unterschiedliche Ursachen haben. Zum einen schrieb Lucan zu einer Zeit (Mitte des 1. Jahrhunderts n. Chr.) als die Römer das Druidentum verboten hatten und verfolgen ließen, zum anderen wäre es möglich, dass sich Druiden freiwillig in die Einsamkeit zurückzogen, wie es auch sonst Einsiedler tun, um spirituelle Erleuchtung zu erlangen. Ein ständiger, freiwilliger Aufenthalt aller Druiden an derart entlegenen Orten liefe ihren zahlreichen, durchaus sehr weltlichen Aufgaben jedoch zuwider.

Einen weiteren Hinweis auf die Wichtigkeit des Waldes im keltisch-druidischen Verständnis liefert wieder einmal Caesar, wenn er schreibt: ***„Zu einer bestimmten Zeit des Jahres tagen die Druiden an einem geweihten Ort im Gebiet der Carnuten, das man für das Zentrum ganz Galliens hält."*** (De bello Gallico, VI, 13). Gemeint ist hier der aus den Asterix-Comics berühmte Carnutenwald. Es ist bezeichnend für das bisher Gesagte, dass sich die gallischen Druiden ausgerechnet in einem Wald versammelten, um dort ihr jährliches Treffen abzuhalten. Auch das Heiligtum auf der Insel Anglesey, von dem uns Tacitus berichtet, lag in mitten im Wald: ***„Die heiligen Haine, welche grausigen Kulthandlungen dienten, wurden zerstört."*** (Annalen, XVI, 30). Einen weiteren heiligen Wald muss es in Ostengland gegeben haben, wie uns Cassius Dio in seinem Bericht über den Aufstand der Incener unter Boudicca mitteilt: ***„Und all diese Schrecklichkeiten [die Ermordung und Verstümmelung römischer Frauen] vollführten [die Britannier] insbesondere jedoch im Hain der Andraste. Denn dies war ihr Name für Nike; und sie bezeugten ihr tiefste Verehrung."*** (Römische Geschichte, LXII, 7,39)

Die Insel Anglesey, ein ehemals heiliger Ort der Kelten.

Heilige Gewässer

Seen, Teiche und Quellen waren für die Kelten ebenso von großer religiöser Bedeutung. Wie wir bereits im vorhergehenden Kapitel sahen, waren diese Orte bevorzugte Plätze für die Darbringung von Opfern, was sich ja auch archäologisch nachweisen lässt. Wie die Bäume galt auch das Wasser den Kelten als heilig, wohl auch aufgrund seiner ganz profanen Notwendigkeit für alles Lebende. Doch steht das Wasser auch für das Leben und gleichzeitig für den Tod, denn obwohl es doch wichtig zum Überleben ist, nimmt es auch Leben in Gestalt von Überschwemmungen, Flutwellen oder Strudeln.

Seen waren die Zugänge zur Anderswelt, wie große Wasserflächen offenbar mythischen Charakter besaßen und sich auf Inseln in ihnen häufig Heiligtümer befanden, z. B. Anglesey oder die bereits im Kapitel über Druidinnen beschriebene Insel vor der Loiremündung. Quellen, so glaubte man, hätten ihren Ursprung in der Anderswelt, weshalb man dem Gemurmel einer Quelle auch die Stimmen der Bewohner der Anderswelt glaubte entnehmen zu können.

Die Bedeutung bestimmter Quellen lag sicher auch in ihrer Heilwirkung, die man auch heute noch nutzt. Besonders Thermalquellen erfreuten und erfreuen sich nicht nur bei den Kelten großer Beliebtheit. Ein Beispiel findet sich in dem Ort mit dem passenden Namen Bath im Südwesten Englands. Das den dortigen heißen Quellen entströmende 46° C heiße Wasser nutzten bereits die Kelten der Eisenzeit. Im welchen Umfang sie dies taten, ist zwar unbekannt, doch lässt sich anhand des Fundes von Münzen aus prärömischer Zeit eindeutig belegen, dass eine Nutzung stattfand. In römischer Zeit entstand dort ein großer, „Aquae Sulis" genannter Komplex mit Tempel, Badehäusern und Nebengebäuden. Aus dem zu römischer Zeit erbauten Becken der Hauptquelle konnten über 12.000 Münzen, persönliche Dinge und

Die von den Römern im 1. Jhd. n. Chr. eingefasste Thermalquelle in Bath, England.

Schmuckstücke geborgen werden, die man der Göttin Sulis Minerva in Hoffnung auf Heilung geopfert hatte. Des Weiteren fanden sich 130 so genannte bleierne Fluchtäfelchen, die man in das Becken warf, um bei Sulis Minerva Genugtuung für erlittenes Unrecht zu erflehen. Ähnliche Rituale werden sich an der Heilquelle der Sequana („Fontes Sequanae") nahe Dijon angespielt haben. Auch an dieser Quelle weihte man der Heilgöttin Sequana verschiedene Gaben, um Heilung und Hilfe zu erflehen.

An den Heilquellen in Source-des-Roches-de-Chamalieres (Frankreich) und in Lydney (England) finden sich ähnliche Votivgaben. Man darf also davon ausgehen, dass diese Art der Verehrung und Nutzung von Heilquellen und ihnen zugeordneten Göttern nicht selten war.

Fließende Gewässer symbolisierten für die Kelten und Druiden ihr Prinzip des Werdens und Vergehens, des Lebens, Sterbens und der Wiedergeburt, gleich der platonischen, auf Heraklit zurückgehenden Lehre des ***panta rhei***, die besagt: ***Alles fließt, und nichts bleibt; es gibt kein eigentliches Sein, sondern nur ein ewiges Werden und Wandeln.***

Tempel

Die antiken Autoren berichten in ihren Texten nur wenig über keltische Tempel. Livius erwähnt einen Tempel beim norditalienischen Stamm der Bojer und Polybius einen bei den Insubrern, die ebenfalls nördlich des Po beheimatet waren. Doch erfahren wir nichts über Aussehen, Größe, Bauart oder Ähnliches. Auch Caesar erwähnt keine Tempel, sondern spricht stets von „locus consecratus", was so viel wie „geweihte Stätte" heißt und im Prinzip alles bedeuten kann, von prächtigen Tempelanlagen bis zu Versammlungsorten auf freiem Feld.

Laut Markale werden auch in den irischen und walisischen Sagen keine festen sakralen Bauten erwähnt. Die Quellenlage scheint daher schlecht und macht verständlich, warum man lange Zeit behauptete, die Kelten hätten vor der Unterwerfung durch die römischen Legionen und ihrer anschließenden Romanisierung, bzw. ihrem Kontakt mit den Griechen Südgalliens überhaupt keine Tempel gebaut.

Auch die Archäologie hat einige Schwierigkeiten, solche Bauten zu entdecken, denn wenn sie aus Holz waren, besteht eine gute Chance, dass die Zeit buchstäblich nichts von ihnen übrig gelassen hat. Doch auch bei steinernen Gebäuden fällt eine Zuordnung alles andere als leicht. Griechische und römische Tempel oder christliche Kirchen folgen in ihrem Aufbau bestimmten Regeln. Sie verfügen über standardisierte architektonische Elemente, die sie klar von einem profanen Bau trennen. Man denke nur an den Kirchturm und das Kirchenschiff mit dem nach Osten ausgerichteten Altar. Einen prärömischen keltischen Sakralbau zu erkennen, ist jedoch ungleich schwerer, denn standardisierte Elemente gab es nicht. Es fällt daher nicht leicht, ein solches Bauwerk von einem Wohnhaus oder einer Scheune zu unterscheiden. Ein wichtiges Indiz sind Funde wie Votivgaben, Bildnisse sowie tierische oder menschliche Überreste. Anhand dieser lässt sich mitunter noch ablesen, wie das jeweilige Tier oder der Mensch ums Leben kamen, was wiederum Rückschlüsse auf die Art des Bauwerks zulassen kann.

Eindeutig ist der Charakter der Bauwerke z. B. bei dem bereits im Abschnitt über druidische Menschenopfer erwähnten Bauten im unteren Rhonetal bei Marseille. Bei dem auf griechischem Einfluss basierenden Tempel in Roquepertuse handelt es sich um ein Bauwerk mit säulengeschmücktem Portikus nach klassischem antiken Muster. Ironischerweise wäre ausgerechnet bei diesem Bau eine Bestimmung des Zwecks auch anhand der sonstigen Funde möglich gewesen. Wie schon erwähnt, befanden sich im Portikus menschliche Schädel und im Inneren des Tempels Skulpturen von Göttern.

Der andere bereits erwähnte Tempel befindet sich im Oppidum von Entremont. Diese sakrale Stätte lag auf einen Hügel und war ebenfalls ein klassischer steinerner Säulenbau. Auch dort erlaubten Standbilder, Friese und mit Schädeln geschmückte Säulen eine eindeutige Bestimmung.

Im Gegensatz zu den Tempeln an der unteren Rhone ist das keltische Heiligtum von Gournay-sur-Aronde im Departement Oise in Nordostfrankreich ohne den Einfluss der südgallischen Griechen entstanden. Hierbei war ein zentraler Mittelbau (im Grunde wohl nur ein von hölzernen Säulen getragenes Dach über einer Opfergrube) vom einem rechteckigen Wall mit davor liegendem Graben umgeben. Der Ursprung des Heiligtums geht auf das 4. Jahrhundert v. Chr. zurück. Später wurden daran Veränderungen vorgenommen, wie die Errichtung einer Holzpalisade auf dem umlaufenden Erdwall. Oberflächlich ist dieser Bau also keineswegs als Heiligtum zu erkennen, erst der Fund zahlreicher, oftmals rituell zerbrochener Waffen und tierischer sowie menschlicher Überreste im Wallgraben deutet mit sehr hoher Wahrscheinlichkeit auf eine sakrale Funktion hin.

Waren Viereckschanzen Tempel?

Zahlreiche so genannte Vierecksschanzen, also rechteckige Wallanlagen, werden ebenfalls häufig als Einfriedung von Tempelbezirken gedeutet. Allerdings ist dies nicht unumstritten, und manche Keltologen sehen in diesen Wallanlagen nur die Begrenzung von Gehöften. In zahlreichen Anlagen finden sich jedoch rituelle Schächte mit Opfergaben, was die sakrale Deutung stützen würde. Die Vierecksschanze im Europäischen Kulturpark Bliesbruck-Reinheim im Saarland enthält mehr als 100 solcher tiefen Schächte. Die Schächte waren dabei – so weit es sich feststellen lässt – von Bäumen oder Baumstümpfen umgeben. Über mögliche Gebäude lässt sich jedoch keine Aussage mehr treffen.

Fort Navan

Trotz seines Namens (Navan Fort – Navan-Festung) diente ein umfangreicher Komplex auf einem flachen Hügel nahe der Stadt Armagh in Nordirland sehr wahrscheinlich rituellen Zwecken. Die gesamte Anlage hat einen Durchmesser von rund 250 m und wird von einem Wall und einem Graben umschlossen. Entgegen sonstiger Gepflogenheiten befindet sich der Graben allerdings nicht auf der Außenseite, sondern innerhalb des Walls, was darauf schließen lässt, dass er nicht zu Verteidigungszwecken diente. Die Anlage stammt aus dem 1. Jahrhundert v. Chr. und besteht innerhalb des Walls und Grabens vor allem aus einem gut 6 m hohen Erdhügel mit rund 40 m Durchmesser sowie einer 30 m messenden, ringförmigen Vertiefung, wohl die abgetragenen Reste eines vorkeltischen Grabhügels.

Ausgrabungen haben ergeben, dass sich unter dem 6 m hohen Erdhügel eine Struktur aus vier konzentrischen Ringen von Holzpfeilern um einen zentralen Eichenstamm gruppiert. Der Eingang dieser Anlage lag im Gegensatz zu ausnahmslos allen anderen bekannten Bauten jener Zeit im Westen und zeigte nicht, wie sonst üblich, nach Osten. Der Boden des von Säulen getragenen Bauwerks bestand aus kreisförmig verlegten Steinplatten. Dendrochronologische

Historische keltische Stätten

Die Orte keltischer Religiosität lagen zumeist in der Natur, ihre Tempel waren die heiligen Haine, ihre Kirchen Waldlichtungen oder Quellen. Daher kann man bis auf wenige Ausnahmen heute kaum Überreste keltischer Sakralbauten besuchen.
Besonders in Süddeutschland, Österreich und der Schweiz sind jedoch Ausgrabungsorte und Museen in reichlicher Zahl vorhanden, in denen die Welt der Kelten wieder lebendig wird.

Deutschland

Name	Adresse	Was?
Keltenmuseum Heuneburg	Ortsstraße 2 - 88518 Herbertingen-Hundersingen	Museum mit teilweise rekonstruiertem Fürstensitz (Wohn- und Wirtschaftsgebäude, Wehrmauer)
Keltenmuseum Hochdorf	Keltenstraße 2 - 71735 Eberdingen-Hochdorf	Museum mit Funden des dortigen Fürstengrabes, rekonstruiertes keltisches Gehöft, 60 m hoher Grabhügel
Kelten-Römer-Museum Manching	Im Erlet 2 - 85077 Manching	Funde aus dem keltischen Oppidum Manching
Europäischer Kulturpark Bliesbruck-Reinheim	Robert-Schuman-Straße 2 - 66453 Gersheim-Reinheim	Funde aus dem keltischen Fürstinnengrab von Reinheim und andere regionale Funde, Rekonstruktion einer romanisch-keltischen Villenanlage inklusive Tempel.
Keltensiedlung Altburg	55626 Bundenbach	Freilichtmuseum mit regionalen keltischen Funden
Archäologischer Erlebnispark Gabreta	94160 Ringelai, Bayerischer Wald	Regionale keltische Funde, Freilichtmuseum mit rekonstruierter keltischer Siedlung
Schnippenburg	49179 Ostercappeln-Schwagstorf	Keltische Funde der jüngeren Eisenzeit
Archäologischer Park Glauberg	Bahnhofstraße 34 - 63695 Glauburg	Museum mit Funden aus dem dortigen Grabhügeln, u.a. der Statue des „Fürsten von Glauberg" und ein rekonstruiertes keltisches Kalenderbauwerk
Nagolder Grabhügel	Am Ufer des Flusses Nagold in 72202 Nagold	Grabhügel aus frühkeltischer Zeit
Böhmfelder Keltenschanzen	85113 Böhmfeld	Zahlreiche keltische Vierecksschanzen in der Umgebung des Ortes

Österreich

Name	Ort	Was?
Keltenwelt Frög	Bergweg 22 9232 Frög bei Rosegg	Hügelgräber, rekonstruierte Gebäude und Wehranlage
celtovation-Archäologischer Park Schwarzenbach	2803 Schwarzenbach	Freilichtmuseum, regionale Funde, teilweise rekonstruierte keltische Siedlung
Keltenmuseum Hallein	Pflegerplatz 5 5400 Hallein	Regionale und europäische keltische Geschichte, u.a. Funde vom Dürrnberg (keltischer Salzbergbau)
Keltendorf Mitterkirchen	4343 Mitterkirchen	Hallstattzeitliche Dorfanlage mit 20 rekonstruierten Bauten, begehbares Hügelgrab

Schweiz

Name	Adresse	Was?
Laténium	Das Laténium liegt 3 km außerhalb des Stadtzentrums von Neuenburg in Hauterive am Seeufer	Museum und archäologischer Park, Ort der Entdeckung der Funde von La Tène

Untersuchungen ergaben, dass die Bauzeit um das Jahr 95 v. Chr. liegen dürfte. Warum dieses Gebäude zu einem späteren Zeitpunkt offenbar mit Absicht in Brand gesteckt und dann unter dem 6 m hohen Erdhügel begraben wurde, ist rätselhaft. Es gibt jedoch Hinweise darauf, dass dort mehrfache Gebäude zunächst errichtet und dann verbrannt wurden. So wurden unter dieser Struktur die Überreste weiterer, jedoch achtförmiger Gebäude entdeckt. Archäologische Funde legen nahe, dass diese Überreste aus der Zeit von 600 bis 250 v. Chr. stammen. Einer der interessantesten Funde dort dürfte sicher der Schädel eines Berberaffen sein, einer für gewöhnlich in Nordafrika beheimateten Affenart. Des Weiteren entdeckte man innerhalb des Walls Feuersteinwerkzeuge und neolithische Töpferwaren, was eine kontinuierliche Nutzung des Areals seit der Jungsteinzeit nahelegt.

Auch bei Harlow in England wurde eine Kultstätte augenscheinlich über sehr lange Zeit genutzt. Bei Grabungen entdeckte man dort bronzezeitliche Gräber, und in der Eisenzeit entstand dort ein offenbar kreisrunder hölzerner Tempel. Über diesem Bauwerk errichtete man dann während der römischen Zeit einen von einer rechteckigen Mauer umgebenen Steintempel, der von einem Säulengang umlaufen wurde. Innerhalb der Einfriedung befanden sich außerhalb des eigentlichen Tempels die Altäre. Entlang der Längsseiten der Außenmauern standen an diese angelehnt auf beiden Seiten Gebäude, die wohl Lagerräume, Schatzkammern oder Ähnliches waren.

Zur Zeit der römischen Besetzung der keltischen Gebiete entstanden häufig dort Tempel, wo sich bereits zuvor sakrale Bauten befunden hatten. Dabei entwickelte die gallo-römische Mischreligion eine eigene Tempelform, das Fanum. Hierbei handelt es sich meist Stein- oder auch Holzbauten von runder oder quadratischer Form, mitunter auch vieleckig. Um den Hauptbau gruppiert sich ein von Säulen getragener Umlauf aus Holz. Eine Rekonstruktion eines solchen Bauwerks kann im Museum von Schwarzenacker bei Homburg (Saarland) besichtigt werden.

Steinkreise, Menhire und Dolmen

Bereits um 300 v. Chr. erwähnte Hekataios von Abdera einen dem Apoll geweihten Rundtempel auf einer Insel vor der nördlichen Küste Galliens. Offenbar war damit die Anlage von Stonehenge gemeint. Trifft das Bild weiß gekleideter Druiden, die in den Steinkreisen von Stonehenge ihre Riten vollziehen, also zu? Wofür dienten die im Volksmund oftmals „Druidenaltäre“ genannten Dolmen? Was ist mit den riesigen Hinkelsteinen, die Asterix‘ Gefährte Obelix mühelos auf dem Rücken trägt? In welcher Verbindung standen die Druiden und die Kelten mit all dem?

Die Antwort ist nicht so einfach, wie man denkt. Zumindest ist klar, dass diese Megalithen (von altgriechisch mégas: groß und líthos: Stein) schon lange existierten, als die Kelten und Druiden aus dem Dunkel der Geschichte hervortraten. Steinkreise, Dolmen und Hinkelsteine – Menhire – entstanden alle während der späten Jungsteinzeit oder frühen Bronzezeit, also lange vor der Zeit, in der die Wissenschaft von Kelten oder einer keltischen Kultur spricht. Es lohnt sich dennoch, einen näheren Blick auf diese Phänomene zu werfen.

Menhire

„Menhir“ ist ursprünglich eine bretonische und damit keltische Bezeichnung (denn das Bretonische gehört mit dem Irischen, Walisischen, Kumbrischen und Kornischen zur Gruppe der britannischen Sprachen) für einen großen, hochkant stehenden Stein oder Monolithen. „Menhir" bedeutet wörtlich „langer Stein" (***maen:*** Stein, ***hir:*** lang) und wurde bereits vor mehr als 200 Jahren als wissenschaftlicher Begriff in der archäologischen Fachliteratur Frankreichs benutzt. Bald darauf fand diese Bezeichnung in ganz Europa Verwendung. Doch finden sich Menhire nicht nur in der Bretagne, Steinsetzungen dieser Art sind über mehrere Kontinente

Die Anlage von Stonehenge in Südengland, der wohl berühmteste Steinkreis der Welt.

verbreitet. In Europa findet man sie vor allem im Westen und Norden. Sie sind von Skandinavien über Irland, England, Schottland, Belgien, Frankreich und die Schweiz bis in den westmediterranen Raum zu finden. Die höchsten Exemplare außerhalb der Bretagne sind der 8 m hohe Rudstone in Yorkshire (England) und der 7 m hohe Punchstone im County Kildare (Irland).

Die Mehrzahl der französischen Menhire befindet sich in der Bretagne; allein in Carnac wird ihre Zahl auf etwa 3.000 geschätzt. Der größte, noch aufrecht stehende Menhir ist der Menhir von Kerloas , nordwestlich von Brest mit einer Höhe von 12 m und mehr als 150 t Gewicht. Der längste überhaupt bekannte Menhir findet sich ebenfalls in der Bretagne im Departement Morbihan. Es ist jedoch umgestürzt und in vier Teile zerbrochen. Dieser Grand Menhir Brise von Locmariaquer war ursprünglich einmal 21 m hoch und wohl rund 350 t schwer. Es wird vermutet, dass dieser riesige Menhir bereits in der Vorzeit durch menschliche Einwirkung zu Fall gebracht wurde.

Menhire in Deutschland

Einige Menhire sind auch bearbeitet oder verziert, z. B. mit Schlangen, Spiralen oder Abbildern von Gerätschaften. Menhire mit menschlichen Konturen werden Statuenmenhire genannt. Diese kommen rund um das westliche Mittelmeer, in der Schweiz und auf den Kanalinseln vor. In Deutschland fand man Mitte des 19. Jahrhunderts ebenfalls drei derartige Menhire, die so genannten Bamberger Götzen. Ansonsten finden sich über ganz Deutschland verstreut vereinzelte Menhire, z. B. die Menhire von Benzingerode (Kreis Wernigerode), der „Lange Stein" von Seehausen (Bördekreis), die „Speckseite" von Aschersleben und der „Hünenstein" bei Nohra (Kreis Nordhausen). All diese Steine befinden sich in der Nähe bronzezeitlicher Fundstätten. Die Menhire von Nebra (Burgenlandkreis), Leuna (Kreis Merseburg-Querfurt), Poserna (Kreis Weißenfels) und Halle-Heide befinden sich in der Nähe von Grabanlagen. Teil einer Grabanlage selbst ist der Menhir von Rothenschirmbach, da er ein Erdgrab bedeckte. Der höchste Menhir Mitteleuropas ist der Gollenstein bei Blieskastel (Saarland). Bei Vehrte in der Nähe Osnabrücks findet sich der so genannte Süntelstein.

Die Cardial- bzw. Impressokultur

Der Ursprung der Menhire scheint von der westmediterranen Cardial- bzw. Impressokultur auszugehen und auch alle Nachfolgekulturen betroffen zu haben. Zusätzlich gibt es aber auch einige davon unabhängige, teils erst bronzezeitliche Steinsetzungen.

Die jungsteinzeitliche Cardial- oder Impressokultur entstand im 7. Jahrtausend v. Chr. im westlichen Mittelmeerraum. Es scheint, als ob die Menhire zumindest teilweise mit einem Totenkult in Verbindung standen, jedoch bei Weitem nicht alle. Warum diese Monumente unter großen Mühen aufgestellt wurden, bleibt rätselhaft. Manche in frühgeschichtlicher Zeit aufgestellte und mit Bildern und Schriftzeichen verzierte Steine mögen auf den ersten Blick an kleine Menhire erinnern, sind von diesen jedoch deutlich zu unterscheiden. Dazu zählen z. B. die irischen Oghamsteine oder die Runensteine der Wikinger. Auf den in den westlichen Teilen der Britischen Inseln zu findenden, aus dem 4. bis 6. Jahrhundert n. Chr. stammenden Oghamsteinen lassen sich Schriftzeichen in der so genannten Oghamschrift erkennen. Diese Schrift ist im Grunde genommen eine Kodierung des lateinischen Alphabets mit Strichen, d. h. für jeden Buchstaben steht eine bestimmte Anzahl bzw. Form von Strichen. Diese aus der spätkeltischen Zeit stammenden Steine tragen meist nur den Namen einer Person eingemeißelt und dürften daher Grabsteine, Gedenksteine oder eventuell Grenzsteine gewesen sein. Sie dienten keinesfalls der Verschriftlichung druidischen Wissens oder Ähnlichem.

Steinkreise

Auf den Britischen Inseln findet sich eine weitere besondere Form der Menhire, die so genannten Steinkreise (englisch Stone Circle oder auch ***Cromlech*** vom britannischen crom: krumm und lech: Ort). Vor allem in Cornwall, Irland und Schottland sind diese Anlagen verbreitet, insgesamt existieren dort rund 700 dieser Kreise. Menhire stehen auf dem Kontinent zumeist allein, in Gruppen oder in Reihen. Das gehäufte Auftreten kreisrunder oder ovaler Formen ist jedoch eine Besonderheit der Britischen Inseln, obwohl sich solche Strukturen vereinzelt auch in der Bretagne, in Spanien und auf Malta finden. Die ältesten Steinkreise dürften zwischen 3.400 und 3.000 v. Chr. entstanden sein.

Stonehenge

Der bekannteste Steinkreis ist Stonehenge bei Salisbury in der Grafschaft Wiltshire. Stonehenge besteht aus mehreren konzentrischen Steinkreisen. Der auffälligste der Kreise ist der äußerste mit einem Durchmesser von 30 m. Er wird von rechteckigen Sandsteinblöcken gebildet, die ursprünglich alle und heute noch zum Teil durch Querblöcke miteinander verbunden sind. Innerhalb dieses äußeren Kreises befindet sich ein weiterer aus kleineren Blausteinen (Dolerit). Er umschließt eine hufeisenförmige Steinsetzung aus Blausteinen mit Decksteinen, in der ein Block Glimmersandstein steht, der so genannte Altarstein.

Die Anlage ist von einem kreisförmigen Graben mit einem Durchmesser von 104 m umgeben. An seiner Innenseite erhebt sich ein Erdwall, in dem sich ein Ring von 56 Löchern befindet, die als „Asbrey Holes“bezeichnet werden und zunächst wahrscheinlich eine Holzstruktur trugen, später aber teilweise zur Aufbewahrung der Asche von Feuerbestattungen benutzt wurden. Im Nordosten werden Wall und Graben von der Avenue durchschnitten, einem Prozessionsweg von 23 m Breite und fast 3 km Länge, der ebenfalls von einem Wall gesäumt wird. Nahe dem Eingang zur Avenue steht der „Slaughter Stone“ (Schlacht- oder auch Opferstein), ein Sarsenstein, der ursprünglich wohl aufrecht stand. Fast gegenüber und auf der Avenue befindet sich der „Heel Stone“ (Fersenstein), der vermutlich eine Rolle bei der Beobachtung des Sonnenaufgangs zur Sommersonnenwende gespielt hat. Weitere Megalithe sowie zwei Hügelgräber finden sich in unmittelbarer Nähe.

Die Entstehung der Anlage lässt sich grob in drei Phasen unterteilen: Die Frühphase mit einem kreisrunden Erdwall und einem Graben wird auf etwa 3.100 v. Chr. datiert. Die auffällige Megalithstruktur wurde etwa zwischen 2.500 und 2.000 v. Chr. errichtet.

Geoffrey von Monmouth schrieb im 12. Jahrhundert in seiner auf walisischen Sagen beruhenden „Vita Merlini“, der Zauberer Merlin habe die Steine aus Wales herbeifliegen lassen, wobei interessanterweise tatsächlich einige der zum Bau verwendeten Steine aus Wales kamen! 1740 behauptete William Stukeley schließlich, die Druiden hätten Stonehenge erbaut, womit er zwar, wie wir heute wissen, völlig falsch lag, jedoch einen Mythos schuf, der sich lange hielt und bis heute nachwirkt. Allerdings war Stukeley auch der Erste, der die astronomische und kalendarische Bedeutung der Anlage vermutete. Erst um 1900 fand man heraus, dass Stonehenge mindestens aus der Bronzezeit stammen musste oder sogar noch älter war.

Ein riesiger Kalender?

Tatsächlich diente die Anlage wohl als eine Art riesiger stein-, bzw. bronzezeitlicher Kalender. Die Ausrichtung der Steine erfolgte so, dass am Morgen des Mittsommertags, wenn die Sonne im Jahresverlauf am nördlichsten steht, die Sonne direkt über dem Fersenstein aufging und ihre Strahlen in gerader Linie ins Innere des Bauwerks, zwischen die Hufeisenanordnung, fielen. Es ist unwahrscheinlich, dass sich eine solch präzise Ausrichtung zufällig ergab. Der nördlichste Aufgangspunkt der Sonne ist abhängig von der geografischen Breite. Damit die Ausrichtung korrekt ist, muss sie für Stonehenges geografische Breite von 51° 11' errechnet oder durch Beobachtung ermittelt worden sein. Stonehenge könnte unter anderem dazu benutzt worden sein, die Sommer- und Wintersonnenwende sowie die Frühlings- und Herbsttagundnachtgleiche vorauszusagen. Nach neuesten Forschungsergebnissen scheint auch der Mondlauf eine weitaus größere Rolle gespielt zu haben als bisher angenommen.

Stonehenge könnte zugleich auch ein religiöser Versammlungsort gewesen sein. Eine konkrete Aussage, warum die Menschen vor rund 5.000 Jahren eine derartige Arbeit mit einfachsten Mitteln auf sich nahmen und einige der tonnenschweren Steine über mehr als 300 km herantransportierten, ist jedoch nicht möglich.

Geschickte Baumeister

Ebenfalls ungeklärt ist die Frage, wie die Menschen jener Zeit überhaupt in der Lage waren, solch schwere Blöcke aufzurichten oder aufeinanderzusetzen. Vermutungen gehen dahin, dass man unter Aufbietung einer großen Zahl an Menschen mit Holzgerüsten und Plattformen gearbeitet hat. Die Decksteine könnten etwa mit Holzplattformen angehoben und dann in der Höhe auf ihren Platz geschoben worden sein. Andererseits könnten sie auch über eine Rampe nach oben in Position geschoben oder gezogen worden sein. Die Zapfenverbindungen, die an den Steinen zu beobachten sind, legen nahe, dass die Beteiligten über solide Fertigkeiten der Holzbearbeitung verfügten.

Da wir wissen, dass die Druiden nicht selten bereits bestehende Kultplätze (siehe Navan Fort) nutzten, wäre es durchaus möglich, dass Stonehenge auch in keltischer Zeit genutzt wurde, wenn wir auch nicht wissen, in welcher Form oder wofür.

Auch die Dolmen (bretonisch für Steintisch) werden mit den Druiden in Verbindung gebracht. Ein Dolmen ist allerdings nicht keltischen Ursprungs, sondern eine in weiten Teilen Europas übliche Bezeichnung für ein aus großen Steinblöcken errichtetes Bauwerk der europäischen Jungsteinzeit und Bronzezeit. Auf aufgerichteten Tragsteinen ruhen eine oder zwei große Steinplatten, die der Struktur das Aussehen eines riesigen Tisches verleihen können. Ihrer tischähnlichen Form wegen sind Dolmen auch als Opfertische, Altarsteine oder Druidenaltäre bezeichnet worden, wohl in Bezugnahme auf die vermuteten Menschenopfer.

Obwohl zweifelsohne feststeht, dass diese megalithischen Monumente in keinem unmittelbaren Zusammenhang mit den Kelten oder Druiden stehen, hält sich der entsprechende Mythos noch immer. Besonders Stonehenge wird zu keltischen „Feiertagen" von zahlreichen Besuchern und neuzeitlichen Druiden heimgesucht, die jedoch aufgrund der Angst der Behörden vor weiterer Beschädigung der Anlage keine Zutritt mehr erhalten. Einzig die britische „Druids Society" erhält während der Tagundnachtgleichen Zugang.

Links: Ein Menhir auf Korsika.
Rechts: Der Gollenstein im Saarland, der größte Menhir Mitteleuropas.

Druiden in der Literatur und in den Medien

Unser Wissen über Druiden stammt vor allem aus drei Quellen: den Schriften antiker Autoren, den irischen und walisischen Sagen sowie der Archäologie. Ungleich einflussreicher als diese Texte und Funde sind für die Vorstellung, welche sich viele Menschen von Druiden machen, jedoch ganz andere Quellen.

Seit dem 18. Jahrhundert gab es immer wieder zu- und abnehmende Wellen der Keltenbegeisterung, die häufig ein idealisiertes, romantisches oder verzerrtes Bild der Druiden zeichneten. Besonders die Romantik, eine geistige und künstlerische Strömung des späten 18. und frühen 19. Jahrhunderts, ist für ein Bild verantwortlich, das sich bis heute als prägend erweist. Druiden – so stellte man sich vor – seien majestätische Greise mit wallendem weißem Bart und wehendem Haar, die gekleidet in lange, fließende weiße Roben Mistelzweige mit goldener Sichel sammeln, Prophezeiungen ausstoßen und Zaubersprüche rezitieren. In der schaurigen Variante kommen noch Menschenopfer auf riesigen Steinaltären, den Dolmen, hinzu.

Druiden (oder abgeleitete Figuren) sind heute längst Teil der Popkultur. Diese greift bei ihrer Umsetzung solcher Stoffe, z. B. der Sage von Merlin, bzw. der Artussage, besonders gern auf altbekannte Stereotypen zurück. Auch die beiden französischen Autoren und Väter der Asterix-Comics, Uderzo und Goscinny, haben sich bei der Schöpfung des populärsten Druiden überhaupt, Miraculix, dieser Klischees bedient und sie durch den Erfolg ihrer Figur millionenfach verbreitet und verfestigt.

Merlin

Einer der bekanntesten Druiden ist Merlin, der in der Artussage in der Funktion des Magiers, Heilers, Hellsehers und Beraters auftritt. Da die Artussage in ihrem Ursprung keltisch ist, kann damit das Amt Merlins nur das eines Druiden sein. Artus selbst ist ein sagenhafter britannischer König keltischen Ursprungs, der um das Jahr 500 n. Chr. herum gegen die vom Kontinent kommen Invasoren, germanische Angeln und Sachsen, gekämpft haben soll. Die Geschichten um König Artus gehen zumindest teilweise auf keltische Mythen und Sagen zurück, die erstmals in walisischen Dichtungen des 6. und 7. Jahrhunderts n. Chr. erwähnt wurden. Hinzu kommen jedoch wohl auch historische Momente aus dem tatsächlichen Geschehen auf den Britischen Inseln nach dem Abzug der Römer und während der Invasion der Angeln und Sachsen. Die Artussage existiert in unterschiedlichen Versionen und geht auf verschiedene Urheber zurück. Am bekanntesten und einflussreichsten ist die Darstellung von Geoffrey von Monmouth aus der Zeit um 1130 n. Chr. In seinem Werk „Historia Regum Britanniae" (Geschichte der britischen Könige) taucht die Figur Merlins erstmals auf. Monmouth verschmolz in Merlin offenbar zwei Gestalten, den tatsächlichen walisischen Druiden Myrdin des 6. Jahrhunderts n. Chr. und den sagenhaften jugendlichen Seher Ambrosius, wie er von Nennius, einem christlichen Autor des 9. Jahrhunderts n. Chr., erwähnt wird.

Der Druide Myrdin Wyllth soll einer der erste getauften Druiden gewesen sein. Myrdin Wyllth wurde in einem Verzeichnis des walisischen Dichters Taliesin (um 534–599 n. Chr.) erwähnt, der selbst auch eine Vorlage für Merlin gewesen sein könnte. Ein weiteres Vorbild für Monmouths Merlin könnte der schottische Barde Lailoken gewesen sein, dessen Erlebnisse in der Schlacht von Arthuret 575 n. Chr. ihn in die Wälder flüchten ließen, wo er, wie die Lebensbeschreibung St. Kentigerns berichtet, 50 Jahre als Eremit gelebt und seine Visionen aufgeschrieben haben soll.

Monmouth gibt an, Merlin (bzw. Ambrosius) sei das Kind eines Dämons, eines so genannten ***Incubus***, und einer adeligen Klosterfrau gewesen. Dieses „vaterlose" Kind sei in jungen Jahren als Opfer zur Weihe der Burg des heidnischen keltischen Königs Vortigern bestimmt gewesen, habe aber den König und seine Druiden so durch seine prophetische Gabe beeindruckt, dass er seinem Schicksal entkommen konnte. Unter anderem habe er auch das Kommen eine großen Königs Artus und dessen Taten vorhergesagt.

Merlin steht als Sohn eines Dämons und einer Christin zwischen zwei Religionen und Kulturen, der keltischen und der christlichen. Ihm werden zahlreiche erstaunliche Taten nachgesagt. So heißt es, er habe Stonehenge aus Irland herbeifliegen lassen, oder auch, dass er Steine für dieses Bauwerk aus Wales herbeigezaubert habe. Dem König Uther Pendragon habe Merlin mittels eines Zaubers dazu verholfen, sich unbemerkt der Gattin des Königs von Cornwall, Ygraine, zu nähern und mit dieser ein Kind zu zeugen. Erst dieser Zauber machte es möglich, dass der von ihm prophezeite Artus geboren wird. Merlin lässt Artus entführen und überwacht seine Erziehung durch Gelehrte vom Festland. Merlin soll das Schwert Excalibur so in einen Stein gesteckt haben, dass niemand außer dem rechtmäßigen König Britanniens es wieder herausziehen könne. Dank Merlin gelingt Artus dies, was ihm den Thron und die Königswürde einbringt. Merlin ist fürderhin Artus' Berater und Prophet. Er schickt ihn in Schlachten, rät ihm zur Einrichtung seiner Tafelrunde und weiht ihn die Geheimnisse des heiligen Grals ein, was Artus' Suche nach dem Gral auslöst.

Merlin weiht Morgan le Fay (auch Morgaine, Morgana oder die Dame vom See), die mitunter als seine Geliebte dargestellt wird, in all seine Künste ein und teilt sein Wissen mit ihr. Als Morgan le Fay, welche die Tochter der Königin von Cornwall, Ygraine, und ihres rechtmäßigen Gemahls ist – damit also Artus' Halbschwester –, alles von Merlin gelernt hat, verzaubert sie ihn. Die Legende berichtet, Morgan habe ihn in einem unsichtbaren Gefängnis eingeschlossen, in eine Eiche verwandelt oder in der Erde selbst gefangen gehalten. Merlin stirbt jedoch nicht auf normale Art und Weise, sondern ist im Mythos in die Anderswelt entrückt.

Nachdem Merlin Artus' Hof verlassen hat, beginnt dessen Stern zu sinken. In einem Kampf gegen seinen Neffen (oder Sohn, je nach Version) Mordred wird Artus tödlich verwundet und von Morgan mit einer Barke auf die Insel Avalon in die Anderswelt gebracht, wo er auf seine Rückkehr wartet. Morgan le Fay könnte ein Hinweis auf die Existenz inselkeltischer Druidinnen oder Priesterinnen sein, mitunter wird sie auch als eine keltische Muttergöttin gedeutet.

Merlin als Beststeller

Merlins Geschichte im Spannungsfeld von keltischer Kultur und Christentum, germanischer Invasion und britannischer Selbstbehauptung entwickelte sich im Mittelalter zu einer Art von „Bestseller". Das Thema wird seit Geoffrey von Monmouths Werk zum Gegenstand französischsprachiger höfischer Versepen und Prosaerzählungen (weil seit der normannischen Eroberung Englands im Jahre 1066 Französisch über lange Zeit hinweg die Sprache des Hofes in London war). Über die Verbindungen des englischen Hofes nach Frankreich gelangte die Artussage auch nach Kontinentaleuropa, wo sie sich ebenfalls einer großen Beliebtheit erfreute und auch dort rasch verbreitete. So sind bereits aus dem 13. Jahrhundert französische Buchmalereien zu diesem Thema bekannt, die Merlin als alten weisen Mann mit langem grauen Bart darstellen.

Die Artussage in Buch und Film

Der gesamte Themenkreis der Artussage und Merlins ist im angelsächsischen Raum von großer Bedeutung und in seiner Wichtigkeit nur mit den sagenhaften Gestalten Robin Hoods oder des Königs Richard Löwenherz vergleichbar.

Die Artussage hat aufgrund ihrer Verbreitung und Beliebtheit auch Einzug in die Werke zahlloser Schriftsteller, Maler und Komponisten gehalten. Die Liste ihrer Werke ist unüberschaubar. Sie umfasst viele hundert Titel: Dramen und Romane, Gedichte und Novellen, Opern und Musicals, sinfonische Dichtungen und Lieder, um nur die häufigsten Gattungen zu nennen. Weit über 100 Bühnenwerke über die Artussage sind bis heute nachgewiesen. Überblickt man aber die gesamte Palette an literarischen und musikalischen Werken, wird schnell deutlich: Nicht der König ist die am meisten dargestellte Figur, sondern der Druide, der Seher und Zauberer Merlin. Auch zahlreiche Maler haben sich des Themas angenommen und unsere bildliche Vorstellung der Druiden seit dem 17. Jahrhundert entscheidend geprägt. Merlin wird aufgrund dieser Bedeutung in Literatur, Musik und Malerei zu einem Prototyp des Druiden in der allgemeinen Wahrnehmung.

Der Themenkreis der Artussage hat auch in die populäre Kultur, insbesondere des englischsprachigen Raums, Einzug gehalten. Am bekanntesten ist sicherlich Marion Zimmer Bradleys Roman „Die Nebel von Avalon“, der die Sage um Artus aus Sicht Morgan le Fays darstellt. Auch „Merlin und Artus“ von Rosemary Sutcliff sowie zahllose andere moderne Romane beschäftigten sich mit diesem Thema. Filmische Adaptionen des Stoffes für die Leinwand oder das Fernsehen gibt es seit den 1950er-Jahren immer wieder. Besonders populär sind „Excalibur“ von 1981 sowie Monty Phythons „Ritter der Kokosnuss“ von 1974. Noch 2004 produzierte Hollywood den Film „König Artus“, der Artus als historische Persönlichkeit darstellte, in dem Merlin jedoch nur eine kleine Rolle spielte.

Die prägende Wirkung Merlins und vor allem des Bildes, das im Lauf der Jahrhunderte von ihm entstand, führt dazu, dass zahlreiche andere Zauberer und Magiergestalten der Literatur und Popkultur sich daran anlehnen.

Miraculix & Co.

Eine weitere Figur der Populärkultur hat ebenfalls das Bild des Druiden in der breiten Öffentlichkeit entscheidend geprägt: Miraculix entstammt der Feder der französischen Comicautoren Albert Uderzo und Rene Goscinny, den Erfindern von Asterix. Miraculix entspricht in seiner Erscheinung praktisch völlig dem bekannten und gewohnten Erscheinungsbild: langer weißer Bart und ebensolche Haare sowie ein weites, weißes Gewand. Uderzo und Goscinny halten sich damit an Plinius‘ Beschreibung, dass Druiden weiß gewandet Misteln auf Eichen schnitten. Zusätzlich trägt Miraculix jedoch noch einen roten Umhang und blaue Schuhe. Er wird damit zum Träger der Farben der französischen Flagge, der Trikolore.

Miraculix‘ Name im französischen Original ist „Panoramix“ von von „panoramique“, dem französischen Adjektiv zu „Panorama“, was ja, etwas freier gedeutet, auch „Weitsicht“ bedeutet und damit ein Wortspiel mit dem Ursprung der Bezeichnung Druide ist. Die Autoren orientieren sich auch sonst an dem, was uns die antiken Autoren überliefern. Einen Großteil seiner Zeit verbringt Miraculix damit, auf Eichen wachsende Misteln mit seiner goldenen Sichel zu schneiden. Daraus und aus diversen anderen geheimen Zutaten braut er den (nicht historischen) Zaubertrank, der die Gallier unbesiegbar macht und mit dem sich das Dorf gegen die zahlenmäßige Übermacht der Legionen Caesars behaupten kann. Selbstverständlich besucht er regelmäßig das Jahrestreffen der Druiden im Carnutenwald. Miraculix ist hochgebildet, er spricht Latein und Gotisch. Er ist der Arzt des Dorfes und der Berater des Häuptlings Majestix, weshalb er eine hohe Stellung in der Hierarchie der Gemeinschaft einnimmt. Uderzo und Goscinny haben sich also bemüht, die Rolle des Druiden weitgehend historischen Vorstellungen anzupassen, allein mit der Erfindung eines unbesiegbar machenden Zaubertranks haben sie sich eine gewisse dichterische Freiheit genommen. Allerdings spiegelt sich die religiöse Rolle der Druiden nicht in der Figur des Miraculix wider. Jedoch sind auch die Figuren anderer Druiden in den Geschichten rund um Asterix häufig an historische Vorbilder angelehnt. So treten die Druiden Diagnostix und Prognostix als Ärzte auf und leiten je ein Thermalbad („Asterix und der Avernerschild"). Der Druide Informatix ist ein Seher, der Miraculix Erstaunliches über die Zukunft der Druiden berichtet („Der Seher").

Auch Morgan le Fay taucht heute in Comics auf, allerdings im Gegensatz zum Sympathieträger Miraculix als negative Figur. In US-Superheldencomics ist sie die Gegnerin solcher Figuren wie „The Demon" oder den „Avengers". Obwohl Marion Zimmer Bradley versucht hat, sie als positive Figur darzustellen, verfestigen diese Comics Morgans Bild als Vertreterin des Bösen.

Auch Merlin selbst findet sich in der Welt der Comics wieder, und zwar in einem wahren Klassiker: Prinz Eisenherz von Hal Foster. Prinz Eisenherz bewegt sich am Hofe König Artus' und besteht allerlei Abenteuer. Merlin spielt hier zwar eine durchaus positive Rolle, ist allerdings nur eine Nebenfigur. Zudem hat Foster seine Geschichten sehr frei im Mittelalter angesiedelt, weshalb der druidische Charakter Merlins nicht zum Tragen kommt.

Druiden in Fantasy und Rollenspielen

Ein ganz eigenes Genre, das mit unserem Wissen über Druiden nur noch an der Oberfläche zu tun hat, sich aber dennoch oder gerade deshalb gern druidischer Klischees bedient, ist die Fantasy. In unzähligen Romanen und Comics dieses Genres spielen so genannte Druiden eine wichtige Rolle. Dabei entspricht ihr Äußeres selbstverständlich dem ihrer literarischen Vorbilder Merlin oder Gandalf, eventuell jedoch mit etwas mehr Muskeln.

Auch Brettspiele oder Gesellschaftsspiele greifen dieses populäre Motiv auf. Nicht wegzudenken aus dem Fantasygenre sind mittlerweile die „LARP"-Spiele (Live Action Role Play), bei denen die Spieler Schauspielern gleich in die Rollen verschiedener fantastischer Charaktere schlüpfen, häufig auch in die Rolle von Druiden, in denen sie dann zaubern, heilen und weissagen.

Auch Online-Games, die in Fantasywelten angesiedelt sind (das bekannteste ist sicher „World of Warcraft"), führen Druiden in ihrem Inventar. Nicht anders als in Filmen oder Comics findet sich dort ein Bild von Druiden, wie wir es bereits von Merlin und Gandalf kennen. So haben die Druiden, wenn auch nur als Klischee, den Sprung aus der Eisenzeit in das Computerzeitalter geschafft.

Ein Nachbau der berühmten Tafelrunde.
Tagten hier Artus und seine Ritter unter dem weisen Rat Merlins?

DRUIDEN HEUTE

Das moderne Druidentum zählt zur Bewegung des Neopaganismus oder Neuheidentums. Diese Bewegung umfasst verschiedene Gruppen, z. B. Wicca, Asatrú, Schamanismus und das keltische Neuheidentum, dem auch die Neodruiden zuzurechnen sind. All diese Gruppen bemühen sich um eine Wiedergeburt vorchristlicher „ausgestorbener" Religionen. Wicca beruft sich beispielsweise auf die Tradition der Hexen und möchte zugleich eine neolithisch matriarchalische Religion der „Großen Göttin" (der jedoch eine gleichberechtigte männliche Göttergestalt beigestellt wird) wiederbeleben. Asatrú hingegen widmet sich der Religion der alten Germanen und verehrt deren Gottheiten, zu denen eben auch die Asen gehören.

Neben vielen Gruppen, Orden, Zirkeln und sonstigen Gemeinschaften gibt es häufig auch Individuen, die dieses Ziel für sich allein verfolgen. Die neuheidnische Bewegung ist daher sehr heterogen strukturiert und mischt sich nicht selten mit Elementen des „Reenactments", d. h. dem Nachspielen oder Nachstellen alter Kulturtechniken und Lebensformen, etwa bei Mittelaltermärkten, sowie esoterischen Lehren.

Der Neopaganismus weist allerdings auch durchaus politische Züge auf, die von antifaschistisch linkem Gedankengut über Umweltschutzziele bis hin zu extrem rechten, ja offen nationalsozialistischem Inhalten reichen können.

Die Geschichte der Neodruiden

Die Wiederentdeckung alter römischer und griechischer Texte in der Renaissance brachte ein ungeheures Interesse an allem Antiken mit sich. Dieses Interesse beschränkte sich jedoch nicht nur auf Rom oder Griechenland, sondern erstreckte sich bald auch auf jene Völker, über die in diesen Texten zu lesen war und von denen man bis dahin praktisch nichts gewusst hatte.

Die Renaissance der Kelten

So entdeckten Gelehrte in Frankreich und Großbritannien während des Studiums alter Dokumente, dass ihre Vorfahren offenkundig das Volk der Kelten waren (auch wenn dabei zu jener Zeit übersehen wurde, dass während der Völkerwanderung vorgedrungene germanischen Stämme einen Teil, im Falle Englands sogar den größten Teil der keltischen Bevölkerung ersetzt hatten). Eine wahre Keltenbegeisterung brach aus, in deren Lauf auch die Druiden wiederentdeckt wurden. Den damaligen Gelehrten fehlte jedoch die technische Möglichkeit, Altertümer auch zu datieren, sodass alles, was nicht römisch war, plötzlich keltisch wurde. Dies führte dazu, dass megalthische Bauwerke der späten Jungsteinzeit und der frühen Bronzezeit, z. B. Stonehenge, mit der Religion der Kelten und damit mit den Druiden in Verbindung gebracht wurden – ein Bild, das sich zum Teil bis heute hält, auch dank der unermüdlichen Arbeit solcher Männer wie William Stukeley (1687–1765), der von Druiden regelrecht besessen war. Stukeley war Arzt, Antiquar und Geistlicher und versuchte, das Christentum mit den druidischen Lehren zu versöhnen. Er vertrat die Ansicht, Druiden seien erstmals nach der Sintflut mit den Phöniziern nach England gekommen, und zählte das Druidentum zu den „abrahamischen Religionen", d. h. er behauptete, es hätte Gemeinsamkeiten mit dem Alten Testament und damit auch dem Christentum. Stukeley bezeichnete sich schließlich selbst als Druiden (er nannte sich Chyndonax nach dem Namen eines vermeintlichen Druiden auf einer 1623 entdeckten antiken Inschrift) und prägte mit seinen Predigten sowie seinen Büchern das Bild der Druiden in weiten Teilen der Öffentlichkeit während des 18. und 19. Jahrhunderts.

Druiden galten als edle, in tiefgründige, mystische Gedanken versunkene Wilde. Es kam zu einer regelrechten Keltenromantik.

Neben Stukeley war dafür auch der walisische Dichter Edward Williams (1747–1826) verantwortlich, der sich selbst ***Iolo Morganwg*** nannte. Williams publizierte eine Sammlung bis dahin angeblich verschollener mittelalterlicher, walisischer Bardentexte. Wenn auch noch immer die Meinung vertreten wird, diese Sammlung sei authentisch, sind sich die meisten Experten heute allerdings einig, dass Williams sein „Barddas" genanntes Werk gefälscht hat. Am 21. Juni 1792, also am Tag der Sommersonnenwende, rief Williams in London die erste ***Gorsedd*** (Versammlung) von Druiden und Barden ins Leben. Williams erweckte auch den walisischen Brauch des ***Eisteddfod***, eines mittelalterlichen jährlichen Bardentreffens, wieder zum Leben. Er fügte allerdings zwanglos Druiden und von ihm frei erfundene Riten hinzu.

Druidenorden

Die Begeisterung für alles Keltische ging schon damals in Irland und Wales mit einer Rückbesinnung auf eine eigenständige, von England unabhängige Geschichte mit keltischen Wurzeln einher und gewann im Zuge eines beginnenden nationalen Erwachens regen Zulauf.

Bereits 1717 waren in einer Gaststätte in Covent Garden, London, Druiden und Keltenbegeisterte zusammengekommen, die aus ganz Irland, Großbritannien und der Bretagne stammten. Die Versammelten kürten John Toland (1669–1722) zu ihrem obersten Druiden und gründeten mit dem ***Druid Order*** eine Vereinigung, die sich der Wiederherstellung und Bewahrung druidischen Wissens und Praktiken widmen sollte. Dichter und Illustrator William Blake (1757–1827) soll ebenfalls Mitglied dieses Ordens gewesen sein. Auch die ***Church of the Universal Bond*** leitet ihre Herkunft von diesem Orden ab, obschon diese „Kirche" erst Anfang des 20. Jahrhunderts entstand. Ihr Gründer George Watson MacGregor Reid widmete sich zunächst so unterschiedlichen Themen wie der sozialistischen Revolution, dem Kampf gegen den internationalen Imperialismus sowie dem Sonnenkult. Da man Stonehenge zu jener Zeit unter anderem auch als Tempel des keltischen Sonnengottes betrachtete, begann Reid, sich immer mehr für druidische Lehren zu interessieren und dort rituelle Handlungen abzuhalten. Bis Stonehenge 1985 größtenteils geschlossen wurde, veranstaltete die „Kirche" dort Sonnenwendfeiern. Danach schwand ihre Präsenz, sie ist jedoch nach wie vor existent.

Von den Idealen der Aufklärung und des Humanismus beeinflusst, aber auch unter Einwirkung einer romantischen Keltensicht gründete Henry Hurle 1781 in England einen weiteren neuzeitlichen Druidenorden, den ***Ancient Order of Druids***. Bei diesem Orden handelte es sich allerdings um eine Art ***Gentlemen's Club***, dessen ausschließlich männliche Mitglieder weniger kultische Riten abhielten, sondern sich nach Art der Freimaurer im Geheimen trafen. Ziel der Vereinigung war die Förderung von Menschlichkeit, Toleranz sowie gegenseitige Hilfe. In der geistigen Führungsschicht der Kelten sahen die Ordensgründer Wissenschaft, Kunst und Lebensweisheit verkörpert. 1874 entstand auf Initiative von Dr. Wenworth Little ein weiterer, den Freimaurern ähnlicher Orden, der ***Ancient and Archaeological Order of Druids***.

Beide Orden waren ursprünglich nicht heidnisch orientiert, sondern als humanitäre, der Aufklärung verpflichtete Gruppen gedacht. Es entstanden in der Folge zahlreiche Abspaltungen, die bis heute mit unterschiedlichen Namen aktiv sind. Diese widmen sich zum Teil jedoch weniger den althergebrachten Idealen, sondern sind eher den Neuheiden zuzurechen. Die heute einflussreichste und bekannteste Vereinigung dieser Art stellt wohl der von Ross Nichols (ein Freund des ***Celtic-Wicca***-Begründers Gerald Gardner) 1964 als Abspaltung des ***Ancient Order of Druids*** gegründete ***Order of Bards, Ovates and Druids*** dar. Es existieren jedoch zahlreiche weitere Orden und Vereinigungen (teils mit Ablegern in anderen Ländern, vor allem Nordamerika, Frankreich, Deutschland, Österreich, der Schweiz und Skandinavien), z. B. der ***British Druid Order (BDO)***, der ***Ancient Order of Druids in America (AODA)***, die ***Reformed Druids of North America (RDNA)***, die ***Ar nDraiocht Fein (ADF)***, die ***Henge of Keltria*** sowie viele weitere. Die modernen Druiden bezeichnen ihre Vereinigungen, Orden oder Logen selbst häufig als ***Groves*** oder keltisierend als ***Nemeton***. Es gibt in den meisten Orden ein hierarchisches System von Rängen, das sich offiziell auf die Ränge oder Titel der mittelalterlichen irischen ***Filidh***-Tradition beruft, inoffiziell jedoch wahrscheinlich eher auf Traditionen der Freimaurer zurückzuführen ist.

Die Grundlagen des Neodruidentums

Obwohl sich die Neodruiden stark mit antikem Keltentum und Mythologie befassen, stellen sie doch eine neue und eigenständige Religion dar und sind Teil der Neopaganismus oder Neuheidentum genannten Bewegung, wenn auch einige Druiden dennoch weiterhin Christen sind. Man kann wohl ohne Übertreibung konstatieren, dass die modernen Druiden mitunter sehr esoterische Riten und Ansichten pflegen, dennoch sind ihre Ziele und Ideale durchaus ehrenwert und respektabel.

Zwischen Vergangenheit und Gegenwart

Das Zentrum der neodruidischen Religion oder Philosophie ist der Glaube an eine Verbindung zwischen Vergangenheit und Gegenwart, der sich in ihren Ritualen, z. B. an megalithischen Monumenten, manifestiert. Obwohl zwischenzeitlich auch die modernen Druiden anerkennen, dass diese Orte nicht von ihren antiken Vorbildern errichtet wurden, gehen sie doch davon aus, dass Steinkreise und ähnliche Bauwerke auch zur Zeit der Kelten zu kultischen Zwecken genutzt wurden, und möchten durch ihre Fortführung dieser Tradition eine enge Verbundenheit zum Ausdruck bringen. Es gilt, Kontakt zum Geist der Vorfahren, der nach Ansicht moderner Druiden noch immer diese Orte umweht, aufzunehmen. Stätten dieser Art werden als Knoten- oder Pulspunkte bezeichnet, die durch so genannte Ley-Lines miteinander verbunden sind. Daher betreiben viele Druiden auch die „Geomantie" oder „Geomantik" (altgr. geo = Erde, mantie = Weissagung, also in etwa „Weissagung aus der Erde"), nach deren Lehre angeblich die gesamte Erde mit einer Art von Gitternetz solcher Ley-Lines oder Kraftlinien überzogen ist, die energetische und damit biologische Eigenschaften besitzen sollen. Geomantie soll der Aufspürung und dem Erkennen guter, energetisch positiver Orte in der Landschaft sowie in Bauwerken dienen und ähnelt damit dem chinesischen Feng Shui.

Heilige Natur

Des Weiteren verehren die modernen Druiden die Natur, alles Leben ist ihnen heilig und schutzwürdig, daher engagieren sie sich für Tier- und Umweltschutz. Ihre Zusammenkünfte halten sie dementsprechend auch gern in „heiligen Hainen" ab, und Bäume gelten ihnen wie ihren antiken Vorbildern als vom Göttlichen durchdrungen und besonders schutzwürdig. Manche Druiden glauben an die alten Götter der Sonne, der Erde oder der Fruchtbarkeit, und oft wird allem Lebenden eine Seele zugesprochen. Das Neodruidentum ist offenkundig also eher eine Natur- als eine Offenbarungsreligion. Ein „Himmel", ein „Paradies" oder eine „Hölle" im christlichen Sinn existiert für die modernen Druiden nicht. Sie betonen das irdische Dasein und die Freude an diesem. Sie glauben an einen ewigen Kreislauf von Tod und Wiedergeburt. Zyklen oder Kreisläufe spielen im Gedankengebäude moderner Druiden ohnehin eine wichtige Rolle: Die Natur und die Erde, das Leben und das Jahr werden als zyklisch betrachtet. Mittelpunkt und lebensspendende Kraft ist dabei die Sonne, zu deren Ehren auch Rituale zur Winter- und Sommersonnenwende sowie zu den Frühjahrs- und Herbstäquinoktien durchgeführt werden. So sind die Mitglieder der britischen ***Druids Society*** auch die einzigen Personen, denen es offiziell noch gestattet, ist das Gelände von Stonehenge für derartige Zwecke zu betreten. Im Zentrum dieser Rituale steht die Vereinigung des Gottes Sonne mit der Mutter Erde. Der Kreis als Symbol der Ewigkeit und Ganzheitlichkeit findet sich im gesamten neodruidischen Denken. Wo immer es möglich ist, werden Rituale in Kreisen abgehalten, seien es Steinkreise oder solche aus Bäumen oder Menschen gebildete.

Bei ihren Riten betonen die Neodruiden auch immer wieder die Wichtigkeit der Erhaltung und Förderung des Friedens, weshalb die Zeremonien oftmals mit dem Gruß „Frieden den Enden der Erde" beginnen.

Keltisches Neuheidentum

Die modernen Druiden sind Teil einer größeren Bewegung, dem keltischen Neuheidentum, dessen einzelne Strömungen sich oft miteinander vermischen. Werfen wir daher noch kurz einen Blick auf die anderen Richtungen dieser Bewegung.

Die als ***Celtic Wicca*** bezeichnete Richtung basiert auf der vom bereits erwähnten Gerald Gardner geprägten ***Wicca***-Religion, deren „Große Göttin" oder „Große Mutter" und ihr männlicher Partner jedoch mit Gestalten aus der keltischen Mythologie identifiziert werden. Teils werden diese beiden Hauptgottheiten auch nach m keltischen Muster in weitere Götter differenziert. Die „Große Mutter" wird hauptsächlich mit der irischen Brigit oder der walisischen Ceridwen in Verbindung gebracht, der männliche Gott mit dem gallischen Cernunnos oder dem irischen Lugh. Die Anhänger der ***Celtic-Wicca***-Bewegung organisieren sich in so genannten ***Coven,*** wobei einige ***Coven*** sich in Anlehnung an das Neodruidentum selbst mittlerweile ebenfalls als ***Groves*** oder ***Nemeton*** bezeichnen.

Als keltischen Neoschamanismus bezeichnet sich eine weitere Spielart des keltischen Neuheidentums. Zentraler Aspekt dieses Schamanentums ist die Erfahrung der „Anderswelt", die mit der Welt der keltischen Götter und Geister identifiziert wird. Die keltischen Schamanen gehen dabei von einem ewigen „schamanistischen Bewusstsein" aus, das von den verstorbenen Ahnen in der Anderswelt bewahrt wird und das der Schamane durch eine Reise in jene Welt von diesen erlangen kann. Die keltischen Neoschamanen verstehen die ursprüngliche keltische Religion als eine Verehrung der Natur und der Ahnengeister. Sie machen nicht selten Gebrauch von halluzinogenen, bewusstseinserweiternden Substanzen, um sich in Trance zu begeben und die Welt der Ahnen und keltischen Geister aufzusuchen. Dabei berufen sich die Anhänger auf Figuren wie Taliesin, der laut mittelalterlicher Sagen ebenfalls als sterblicher Mensch die Anderswelt bereist haben soll. Wie die Neodruiden glauben auch die keltischen Schamanen an die Lehre von der Wiedergeburt und den zyklischen Aufbau der Welt und des Lebens. Des Weiteren vertreten die Anhänger des keltischen Neoschamanismus häufig alternative, bzw. ganzheitliche medizinische Ansätze.

Der Begriff „Neokelten“ ist relativ neu und bezeichnet vor allem Anhänger des Neuheidentums, die sich selbst als „Erneuerer“ oder „Wiederhersteller“ der antiken keltischen Religion ansehen. Die meisten Neodruiden oder ***Celtic Wiccas*** sind sich bewusst, dass ihre Religionen sich zwar auf keltische Vorbilder berufen und dort Anleihen gemacht haben, im Grunde jedoch eigenständige neue Entwicklungen darstellen.

Im Gegensatz dazu berufen sich die Neokelten explizit auf das antike Keltentum und alte Volkstraditionen, die sie möglichst originalgetreu wiedererwecken möchten. Auslöser die Bewegung der Neokelten waren unter anderem neuere wissenschaftliche Erkenntnisse, die zeigten, dass viele ältere Theorien über die antiken Kelten, auf die sich das Neodruidentum oder ***Celtic Wicca*** in ihren Anfangstagen beriefen, falsch waren. Viele Bräuche und Riten dieser Gruppen lassen sich nicht historisch untermauern.

Die Neokelten machen sich archäologische und volkskundliche Erkenntnisse zunutze, um die keltische Religion zu rekonstruieren, was von den meisten ernsthaften Wissenschaftlern abgelehnt und als „Pseudowissenschaft“ kritisiert wird, denn viele Neokelten verwenden auch umstrittene archäologische oder etymologische Thesen, um ihre Ansichten zu fundieren.

Druiden und Esoterik

Einige moderne Esoteriker und so mancher Anhänger des Neuheidentums berufen sich bei ihrem Tun gern auf die Kelten und insbesondere auf die Druiden. Doch stützen sich die Behauptungen und Erkenntnisse dieser Gruppen nur selten auf eine fundierte wissenschaftliche Basis. Als ein Beispiel mag das so genannte keltische Baumhoroskop dienen, welches in deutschsprachigen Raum recht weit verbreitet ist und von einigen Teilen der neuheidnischen Bewegung als ein Bestandteil ihrer Lebensauffassung angesehen wird.

Das keltische Baumhoroskop geht auf den britischen Schriftsteller Robert Graves zurück, der in seinem 1946 erschienenen Buch „ The white goddess“ aus der willkürlichen Zuordnung von Ogham-Zeichen zu einzelnen Bäumen eine Art keltischen Baumkalender entwickelte. Obwohl tatsächlich einige Bezeichnungen der Ogham-Schriftzeichen auch Baumnamen enthalten, ist dies bei der großen Mehrheit nicht der Fall. Die alten irischen oder walisischen Texte stützen ebenfalls in keiner Weise die Idee eines Baumkalenders oder -horoskopes.

In den frühen 1970er-Jahren griff der französischer Journalist Paule Delsol diese Idee auf und veröffentlichte in einer populären französischen Frauenzeitschrift sein von ihm erfundenes „keltisches Baumhoroskop“. Über das 1984 erstmals erschienene Buch „Bäume lügen nicht. Das keltische Horoskop“ (herausgegeben von Annemarie Mütsch-Engel) fand das keltische Baumhoroskop seinen Weg in den deutschsprachigen Raum. Dieses Buch, wie auch zahlreiche weitere Bücher zum gleichen Thema, beruft sich auf angeblich alte Quellen, die jedoch nicht nachweisbar sind.

Im keltischen Baumhoroskop werden bestimmten Geburtsdaten jeweils bestimmten Bäumen und ihren angenommen Eigenschaften zugeordnet, wobei sich die zugeordneten Bäume halbjährlich wiederholen. Ist man, wie der Autor, zwischen dem 1. und 10. März (oder dem 3. und 12. September) geboren, so gehört man zu den „Weidenbaum-Geborenen“, denen folgende

Eigenschaften nachgesagt werden: Weidengeborene sind ausgesprochene Menschenfreunde. Sie sind sensibel, mitfühlend und teilnahmsvoll. Ihrer Introvertiertheit zum Trotz sind ihre Gefühle so lebendig wie das Wasser, das die Weiden lieben und brauchen. Sie sind geistig und seelisch so elastisch wie Weidenruten. Von allen Baumgeborenen haben sie den stärksten Zugang zum Unbewussten und Mystischen.

Im Zeichen der Linde geborene (11.–20. März, bzw.13.–22. Septmeber) zeichneten sich, so heißt es, „durch besonderen Gerechtigkeitssinn und eine ausgeprägte Harmoniefähigkeit" aus und wüssten, „sich in die Lage ihrer Mitmenschen zu versetzen, um eine akzeptable Lösung für jede Situation zu finden"

Leider ist eine umfassende Darstellung des „keltischen Baumhoroskops" an dieser Stelle nicht möglich, ein kurzer Überblick muss genügen.

Januar		Februar		März		April	
23.12-01.01	Apfelbaum	25.01-03.02	Zypresse	01.03-10.03	Weidenbaum	01.04-10.04	Eberesche
02.01-11.01	Tanne	04.02-08.02	Pappel	11.03-20.03	Linde	11.04-10.04	Ahorn
12.01-24.01	Ulme	09.02-18.02	Zürgelbaum	21.03	Eiche	21.04-30.04	Nussbaum
25.01-03.02	Zypresse	19.02-28.02	Kiefer	22.03-31.03	Haselbaum		
Mai		**Juni**		**Juli**		**August**	
01.05-14.05	Pappel	25.05-03.06	Esche	25.06-04.07	Apfelbaum	26.07-04.08	Zypresse
15.05-24.05	Kastanie	04.06-13.06	Hainbuche	05.07-14.07	Tanne	05.08-13.08	Pappel
25.05-03.06	Esche	14.06-23.06	Feigenbaum	15.07-25.07	Ulme	14.08-23.08	Zürgelbaum
		24.06	Birke	26.07-04.08	Zypresse	24.08-02.09	Kiefer
		25.06-04.07	Apfelbaum				
September		**Oktober**		**November**		**Dezember**	
24.08-02.09	Kiefer	24.09-03.10	Haselbaum	24.10-02.11	Nussbaum	22.11-01.12	Esche
03.09-12.09	Weidenbaum	04.10-13.10	Eberesche	03.11-11.11	Eibe	02.12-11.12	Hainbuche
13.09-22.-09	Linde	14.10-23.10	Ahorn	12.11-21.11	Kastanie	12.12.-21.12	Feigenbaum
23.09	Ölbaum	24.10-02.11	Nussbaum	22.11-01.12	Esche	22.12	Buche
24.09-03.10	Haselbaum					23.12-01.01	Apfelbaum

Eine dramatische Ansicht von Stonehenge.

Schlusswort

Und damit sind wir wieder bei *dem* Problem überhaupt angelangt, wenn es um die Kelten und die Druiden im Besonderen geht: Die Wissenschaft weiß wenig, viel zu wenig. Wir kennen nur Bruchstücke und Momentaufnahmen dessen, was einst war. Daraus heute eine ganze Religion mit dem Anspruch auf Authentizität wiedererwecken zu wollen, dürfte ein müßiges Unterfangen sein. Die keltische Religion und die Druiden umgibt ein großes Geheimnis, und es ist unwahrscheinlich, dass dieses je vollständig gelüftet wird.

Literaturhinweise

Berresford Ellis, Peter: *Die Druiden – Von der Weisheit der Kelten,* Diedrichs, 1996

Botheroyd, Sylvia und Paul F.: *Kelten,* Diedrichs, 2001

Caesar, Gaius Julius: *De bello Gallico/Der Gallische Krieg*
Lateinisch/Deutsch, Reclam, 1980

Carr-Gomm, Philip: *Die Weisheit der Druiden – Eine Einführung in die keltische Spiritualität,* Lüchow, 2004

Demandt, Alexander: *Die Kelten,* C.H. Beck, 2005

Fries-Knoblach, Janine: *Die Kelten – 3000 Jahre europäische Kultur und Geschichte,* Kohlhammer, 2002

Gschößl, Roland: *Im Schmelztiegel der Religionen – Göttertausch bei Kelten, Römern und Germanen,* Zabern, 2006

Green, Miranda J.: *Die Druiden,* Econ 1998

Guyonvarc'h, Christian und LeRoux, Francoise: *Die Druiden. Mythos, Magie und Wirklichkeit der Kelten,* Arun Verlag; 1999

Guyonvarc'h, Christian und LeRoux, Francoise: *Die hohen Feste der Kelten,*
Arun Verlag 2003

Krause, Arnulf: *Die Welt der Kelten – Geschichte und Mythos eines rätselhaften Volkes,* Campus 2004

Markale, Jean: *Die Druiden – Gesellschaft und Götter der Kelten,* Schirner Taschenbuch, 2005

Zimmer, Stefan (Hrsg.): Die Kelten, Mythos und Wirklichkeit, Theiss, 2004